dr. ulrich
strunz

die neue diät

forever young

das rezeptbuch

fit und schlank durch metabolic power

HEYNE

Impressum

Originalausgabe

2. Auflage
www.heyne.de

Redaktion: Otto Voncalino
Layout: Katharina Schweissguth, München
Coverdesign: Martina Eisele, Grafik-Design, München
Satz und Lithos: Buch-Werkstatt GmbH, Bad Aibling
Druck und Verarbeitung: OAN, Zwenkau
Printed in Germany

ISBN: 978-3-453-16405-5

Haftungsausschluss

Die Ratschläge in diesem Buch sind sorgfältig erwogen und geprüft. Sie bieten jedoch keinen Ersatz für kompetenten medizinischen Rat. Alle Angaben in diesem Buch erfolgen daher ohne jegliche Gewährleistung oder Garantie seitens des Autors und des Verlages. Eine Haftung des Autors bzw. des Verlages und seiner Beauftragten für Personen-, Sach- und Vermögensschäden ist ausgeschlossen.

Martina Kittler (rechts): Seit zehn Jahren entwickelt die Ökotrophologin und bekannte Kochbuchautorin die Rezepte für die Forever-Young-Bücher von Dr. Ulrich Strunz. Auf einen Nenner gebracht: Einfach schnell, einfach nachzumachen, einfach gut.

Marion Grillparzer (links): Ökotrophologin, ebenfalls seit zehn Jahren beratend im Forever-Young-Team, teilt die Liebe des bekannten Arztes zu *Lebens*mittel. Für dieses Buch: mit der Kamera.

Bildnachweis

Alle Bilder **Marion Grillparzer**; außer Seiten
24 (Eising Susie), 56 (Brauner Michael) – **Stockfood, München**;
59 – **Urban**;
68, 87, 107, 115 **Plewinski Antje, München**

dr. ulrich
strunz

die neue diät

forever young

das rezeptbuch

fit und schlank durch metabolic power

+++ mehr als 150 rezepte für genießer +++
+++ maximale fettverbrennung sofort +++

HEYNE

6 **Leicht durchs Leben federn**

8 **Essen ist Leben**

10 **Wissen, das schlank macht**

16 **Der Weg zur Leichtigkeit**

22 **Warum Sie Eiweiß brauchen**

25 **Wie findet man ein gutes Eiweißkonzentrat?**

26 **Eiweiß – wer liefert was?**

30 **Die drei Stufen und der Schlampertag**

32 **Luxus-Kohlenhydrate**

34 **1. Stufe: Erst mal scharf bremsen**

36 **Der Metabolic-Power-Start**
Wie Sie Ihre Fettverbrennungs-Enzyme wecken

37 **Die 1. Stufe-Regeln**
Wie mit Gemüse und Pulver die ersten Kilos fliehen

38 **Metabolic-Power-Suppen**
Entgiften, zügeln den Appetit, schmecken viermal anders

41 **Metabolic-Power-Drinks**
Eiweiß pur – plus Abwechslung für den Gaumen

42 **Metabolic-Power-Salate**
Genetisch korrekt, Genuss perfekt: Gemüse und Nüsse

50 **2. Stufe: Frech die Richtung ändern**

52 **Mit den Genen lässt sich's leben**
Schnell schlank: den Braten jagen, die Früchte der Natur pflücken

53 **Die 2. Stufe-Regeln**
Abnehmen mit Genuss – jenseits der Knödel-trägheit

54 **Metabolic-Power-Drinks**
Shaken Sie sich eine Portion Energie und Lebensfreude

60 **Fit-in-den-Tag-Ideen**
Frühstücken ohne Marmeladenbrot-Heißhunger

66 **Leichte Mahlzeiten**
Schnell zubereitet, auch zum Mitnehmen ins Büro

78 **Hauptmahlzeiten**
Wählen Sie: vegetarisch, Fisch, Wild, Geflügel, Fleisch

92 **Kleine Naschereien**
Das gesunde Dessert für den Süßschnabel

100 3. Stufe: Gas geben mit Lust am Genuss

102 **Zeit zu genießen**
Der Fettabbau läuft auf Hochtouren

103 **Die 3. Stufe-Regeln**
Luxusmengen an Nudeln, Reis, Brot & Co. sind erlaubt

104 **Metabolic-Power-Drinks**
Jetzt dürfen auch Exoten mitmischen

110 **Fit in den Tag-Ideen**
Diese Frühstücksfreuden tun Hüfte und Gaumen gut

116 **Leichte Mahlzeiten**
Für den kleinen Luxusgenuss zu Hause und unterwegs

126 **Hauptmahlzeiten**
Köstlich aufkochen von Tomaten-Tagliatelle bis Mangold-Dorade

136 **Kleine Naschereien**
Lust auf Kokos-Bulgur oder Mango-Kaltschale? Nur zu!

144 Kleiner, kluger Vorrat

Zeit für Pesto, Fruchtsauce, Paprikaaufstrich ...

154 **Metabolic-Power-Küchenplan**

158 **Rezeptregister**

Praktisches, schnell gefunden

- **Eiweißshakes** 41, 54, 55, 56, 57, 58, 59, 104, 105, 106, 107, 108, 109
- **Gemüsebrühe mit Variationen** 38, 39, 40, 128
- **Natürliche Eiweißquellen (Tabelle)** 26
- **Luxus-Kohlenhydrate (Tabelle)** 32
- **Metabolic-Power-Einkaufsliste** 154

Mehr Infos im Netz: www.strunz.com

Leicht durchs Leben federn

essen ist Leben. Nur ist das halt kein Leben mehr, wenn sich die Schweinebraten mit Knödel und Currywürste mit Pommes und die Wurstbrote und die Cornflakes, die Geschäftsessen und All-you-can-eat-Partys gemeinsam als zähe, träge Masse auf einem niederlassen. Alles wird beschwerlicher. Und dann zwickt es. Und dann nimmt man Pillen. Und die helfen nix. Und dann liest man mein Buch: »die neue Diät. fit und schlank durch metabolic power«. Und dann dreht man wirklich mal den Kohlenhydrathahn zu. Verzichtet einfach mal auf Brot, Nudeln, Süßes … Und dann nimmt man ab. Und dann lebt man wieder. Und dann braucht man mehr Rezepte. Denn Essen ist Leben. Das richtige Essen. Das Essen, das Ihnen ein Gefühl schenkt. Ein herrliches Gefühl. Ein Gefühl der Leichtigkeit, der Fröhlichkeit, der Zufriedenheit – und zwar, nachdem Sie vom Tisch aufstehen. Halt, was sage ich? Aufspringen natürlich. Und jeden Tag springen Sie ein bisschen behänder, denn jeden Tag schwindet ein Stück Trägheit energetisch geballt von Ihrer Hüfte, vom Bauch – jeden Tag schwindet Fett. Und jeden Tag werden Sie jünger. Fröhlich wie ein Kind. Auch Sie waren einmal vier Jahre alt. Ziemlich sicher. Und hatten damals Antrieb, gute Laune, Durchhaltevermögen. Will sagen: Dieser Zustand ist der Normalzustand. Den bekommen wir mit auf diese Welt. Ab dem sechsten Lebensjahr machen wir ihn kaputt. Höchst effektiv.

Genießen Sie sich zurück ins Paradies

Wissen Sie, wenn ich von »zurück ins Paradies« spreche, so ist das nicht einfach ein dummer Spruch, das funktioniert immer – und das wird von vielen von Ihnen, liebe Leser, bereits gelebt. Darf ich einfach mal aus einem der Briefe von heute zitieren: »Ich halte mich im Moment streng an Ihre Vorgaben – und es wirkt! Ich esse kaum noch Kohlenhydrate. Das Fett schmilzt derzeit mit fast erschreckender Geschwindigkeit, und die Lebenslust steigt. Ich trainiere relativ viel, aber nur das, worauf ich Lust habe, und mit der Intensität, die sich richtig anfühlt (ein bisschen wie ein spielendes Kind …).«

Also, kommen auch Sie zurück ins Paradies. Durch drei Dinge: Leben essen, mit Spaß bewegen, originell denken – weiß denken. Und weil wir hier nun mal beim Thema Essen sind – über drei Stufen:

- 1 Woche: null Kohlenhydrate
- 3 Wochen: steinzeitgemäß – oder genetisch richtig.
- 2 Monate bis lebenslänglich: mit Luxus-Kohlenhydraten

Weiße Gedanken

– oder schwarzer Gedankenmüll: Sie haben täglich die Wahl. Denn wir Menschen sind außerordentlich glücklich konstruiert: Mehr als einen Gedanken auf einmal können wir nun einmal nicht denken. Vielleicht mit wenigen genialen Ausnahmen wie Frau Dr. Merkel … Und wissen Sie, was wir Menschen tun? Täglich kippen wir ab in den schwarzen Gedankenmüll. Ganz automatisch. Und wundern uns über unsere Stirnfalten, die Magengeschwüre und den – reaktiv – ungnädigen Lebenspartner. Warum erzähle ich Ihnen das? Ganz einfach. Weil Sie gar keine Diät machen brauchen, wenn Sie schwarz denken. So die neuesten Ergebnisse aus der Hirnforschung, wie die Studien über unser selbstsüchtiges Gehirn (Selfish Brain) von Prof. Achim Peters aus Lübeck. Negative Gedanken setzen den Körper unter Stress. Und sobald die Stresshormone aktiv sind, kann man nicht abnehmen. Punkt. Also denken Sie weiß! Freuen Sie sich doch über Ihre verbesserte Lebensqualität, über Ihren täglich schlankeren Körper. Weißes, helles, freundliches Denken ist reine Übungssache. Können auch Sie lernen. Also genießen Sie unsere Rezepte – und machen Sie sich weiße Gedanken. In diesem Sinn wünsche ich Ihnen einen guten Appetit!

Ihr

essen ist leben

Essen Sie, um zu leben, oder leben Sie, um zu essen? Darf ich Sie einladen auf eine etwas außergewöhnliche Gourmetreise? Ich möchte, dass Sie fernab aller Knödelträgheit die Leichtigkeit des Seins erfahren. Wirklich erfahren. Spüren. Kommen Sie mit.

Wissen, das wirklich schlank macht

In Ihrem Körper arbeiten Enzyme. Das sind Hilfsarbeiter im Stoffwechsel. Und die machen Sie schlank. Ganz von alleine. Das nennt man neudeutsch: Metabolic Power. Stoffwechselenergie. Das ist herrlich. Denn Sie lächeln – und andere arbeiten. Also in Ihrem Körper schuften so kleine Enzyme, die heißen Lipasen und die bauen Fett ab. Das tun sie – wenn Sie sie lassen. Lassen heißt: Sie müssen sie erst einmal aufwecken. Denn die pofen. Die haben sich hingelegt, weil ihre Kollegen in der Übermacht sind. Die Kohlenhydratarbeiter. Die das Brot, die Nudel, den Kuchen, den Keks, die Cola, das Bier zerkleinern und die kleinen Zuckerbausteinchen auch noch in Fett ummodeln. Solange die schuften, bleibt das Fett auf der Hüfte liegen. Ein biochemisches Gesetz. Kohlenhydrate machen dick. Das wusste schon Anthelme Brillat Savarin (1755–1826).

Der König der Feinschmecker ...

... ist unbestritten Anthelme Brillat Savarin. Er hat das berühmte Buch »Physiologie du goût« geschrieben. Und dort findet der Leser ein ganzes Kapitel – man höre und staune: in einem Gourmetbuch! – über die Fettleibigkeit. Das Übergewicht.

Und dort finden wir die zwei goldenen Sätze: »Die hauptsächlichste Ursache der Fettleibigkeit sind Mehl und Stärke, auf denen die tägliche Nahrung des Menschen beruht. Wie wir schon gesagt haben, werden alle Tiere fett, die von mehlhaltigen Stoffen leben, ob sie wollen oder nicht, und auch der Mensch unterliegt diesem allgemeingültigen Gesetz.«

Das schreibt der König der Feinschmecker. Und was schreibt der König der deutschen Ernährungsprofessoren?

Dicke Hühner und dummer Ernährungsrat

Hühner leben überschaubar. Wenn man mit Hühnern Fressexperimente macht, ist man sich einigermaßen sicher, dass das Ergebnis nicht durch Stress, Plazeboeffekt oder Frustfressen verfälscht wird. Hühner fressen einfach.

Also teilte man die Hühner in drei Gruppen ein. Und fütterte die erste mit 18,7 Prozent, die zweite mit 42,3 Prozent, die dritte mit 73,7 Prozent der Gesamtkalorien in Form von Kohlenhydraten. Die lieben Tiere durften essen, so viel sie wollten. Jetzt kommt's: Von den drei Gruppen fraß spontan die erste 273 kcal, die zweite 318 kcal, die dritte 520 kcal pro Tag. Je mehr Kohlenhydrate den Tieren angeboten wurden, desto mehr Kalorien verzehrten sie, und

small-talk

Natürlicher Fettgehalt

Der durchschnittsdeutsche Mann hat 30 Prozent Fett im Körper. Und würde dieser durchschnittsdeutsche Mann nur einmal fühlen, wie es sich mit »normalen« 10 Prozent anfühlt, das Leben, dann würde er ganz selbstverständlich alles tun, um dieses Gefühl zu erhalten. Da käme kein Salamibrot mehr auf seine Hüfte ... Ich habe übrigens vier Prozent Fett im Körper. Etwa so viel wie natürliche, gesunde Vollmilch, etwa so viel wie ein Kolibri. Das sollten Sie nicht nachmachen – dann fliegen Sie.

desto fetter waren sie auch am Lebensende. Vorsicht: Nicht etwa schwerer, sondern sie hatten nur mehr Fett auf Kosten der Muskulatur.

Dieses hübsche Experiment wurde schon 1969 veröffentlicht in der »Zeitschrift für Ernährungswissenschaft« (9, 222.)

Nun bin ich nicht nur Arzt, ich bin leidenschaftlicher Arzt. Ich denke und fühle mit. Und lese gerade heute wieder in der ärztlichen Ernährungszeitschrift »Phönix« von einem der führenden Ernährungsprofessoren Deutschlands, von Prof. Dr. med. H. Hauner aus München, dass Diabetiker, also übergewichtige Diabetes-Typ-2-Menschen, doch bitte eine kohlenhydratbetonte Kost mit 45 bis 60 Prozent Kohlenhydraten essen sollten. Das steht wörtlich da. Heute. Vergleichen Sie bitte die Prozentzahlen mit dem Hühnerexperiment. Und Sie wissen, weshalb Übergewicht und die Diabeteskrankheit in Deutschland so explodieren. In der gleichen Zeitschrift, acht Seiten später, findet sich als lakonische Randbemerkung: »So lässt sich das Auftreten von Diabetes bei adipösen Mäusen durch ein kohlenhydratfreies Futter nahezu vollständig verhindern.« Hingeschrieben von Prof. Dr. med. Dr. rer. nat. H. G. Joost, Potsdam.

Könnten sich die zwei Herren einmal zumindest telefonisch absprechen?

Nun wissen Sie, warum Sie dieses Buch in der Hand halten. Sie wollen leicht werden, fröhlich werden, jung werden … und keinen Diabetes kriegen. Funktioniert wunderbar. Mit so feinen Dingen wie Orangen-Carpaccio, Himbeer-Minze-Smoothy, Spargel-Tofu-Wok, Kräuterfisch aus der Folie, Blumenkohl mit Blitz-Bolognese …

Wie man die Fettweg-Fraktion weckt

Wie wecken Sie nun die hüfteschmälernden kleinen Stoffwechselarbeiter, die das Fett abbauen? A) Indem Sie sich bewegen. Ich weiß, das wollen Sie nicht. Noch nicht. Darum B) die gute Nachricht: Die wecken Sie gemütlich essend am Tisch. Mit Hirschsteak, Seelachs, Tofu-Wok, Gurken-Schafskäse-Carpaccio, Austernpilzen mit nussigen Mozzarellakugeln … Das ist sogar erst einmal viel wirkungsvoller: Sie wecken die Fettweg-Fraktion, indem Sie den anderen Stoffwechselarbeitern, der Kohlenhydratfraktion, die Arbeit wegnehmen. Dann legen die sich nämlich hin. Und die zweite Belegschaft rückt aus – um ihr schmälderndes Werk zu verrichten: die Fettabbauenzyme. Und wie nehmen Sie die Arbeit weg? Ganz einfach: Sie liefern eine Woche lang keinen Zucker, keine Nudeln, kein Brot, keine Kartoffeln, kein Gummibärchen … Auf Neudeutsch heißt das: No Carb. Sie drehen den Kohlenhydrathahn zu. Und dann wachen die anderen auf, legen los, bauen das Fett von der Hüfte ab – und vermehren sich. Immer mehr dieser Enzyme arbeiten dann für Sie. Auch wenn Sie lächelnd auf der Couch liegen und nichts tun. Habe ich getestet: Aufgebläht auf 75 Kilo kam ich trotz Krücken wieder auf meine 64 Kilo. Also merken: keine Kohlenhydrate. Dann erst verbrennt das Fett. Punkt. Eine Woche streng mit Eiweiß und Gemüse – und dann sitzen Sie am Tisch und locken Hirschsteak & Co. schlemmend noch mehr von den fettabbauenden Enzymen heran.

Schmeckt das – keine Kohlenhydrate?

Dem Körper: ja. Dem Kopf (vielleicht) erst mal: nein. Der möchte halt gerne das, was er gewohnt ist. Das Marmeladenbrot. Die Wurstsemmel. Das Nusshörnchen. Aber! Das dauert zwei Tage. Zugegeben, ein wenig leiden Sie. Zwei Tage. Und dann fühlen Sie sich plötzlich leicht. Voller Energie. Weil der Körper nämlich kriegt, was er braucht: Eiweiß, essenzielle Fettsäuren, Vitalstoffe. Und dieses Gefühl hievt Sie über die erste Woche. Und manchen sogar über zwei oder drei oder vier Wochen. Wie Anne im Forum auf www.strunz.com. Sie schreibt: »Ich ernähre mich seit vier Wochen ohne Brot, Kartoffeln (schon lange nicht mehr), Nudeln schon gar nicht. Mir geht es so gut, dass ich schon aufpassen muss, nicht übermütig zu werden.«

Übermütig? Vielleicht doch lieber ab und zu ein kleines Pommes … zur Dämpfung? Damit die Mundwinkel so schön deutsch wieder nach unten gehen?

Wie das Übermütigwerden in der Praxis aussieht, lesen und schmecken Sie ab Seite 36. Auf der ersten und zweiten Stufe zu einem völlig neuen, leichten Leben. Also mir läuft bei Seelachs mit Selleriekruste, Thai-Curry oder Lammfilet mit Gurken-Minze-Gemüse oder Pangasiusfilet mit gerösteten Erdnüssen das Wasser im Mund zusammen … Probieren Sie es doch einfach aus.

Essen Sie Leben!

Kürzlich habe ich gelesen: Der Kinderneurologe Prof. J. Egger rät, hyperaktive Kindern nicht gleich mit Ritalin zu dopen, sondern er empfiehlt eine andere Ernährung. Eine andere? Wörtlich:

»Nahrungsmittel, die reich an Omega-

3-Fettsäuren und hochwertigen Eiweißen sowie fettlöslichen Vitaminen und Spurenelementen sind«. Kommt Ihnen vertraut vor. Nenne ich: genetisch korrekte Kost. Der Herr Professor meint weiter: »Wichtig hierbei ist die Aufnahme in naturbelassener Form.« Können Sie damit etwas anfangen? Naturbelassene Form? Da denke ich immer an die Kochsendungen im Fernsehen. Dort werden die Tische alibigeschmückt – mit naturbelassener Form. Nämlich mit buntem Obst und Gemüse. Sieht herrlich aus. Und dahinter wird geschwitzt. Wird geschmurgelt und gebrutzelt und zerstört und kaputt gemacht. Die Natur. Werden eifrig Schmutz und Gift erzeugt, von Acrylamid bis hin zu den Transfettsäuren. Millionen gucken zu und … machen's nach.

Und wundern sich über ihre hyperaktiven Kinder, über Übergewicht, über Diabetes, über Alzheimer …

Naturbelassene Form heißt bei mir: »Essen Sie Leben, trinken Sie Leben«. Man kann es präziser nicht ausdrücken.

Ach übrigens: Kennen Sie naturbelassene Brötchen?

Also: Essen Sie Leben. Sie müssen das natürlich nicht zu 100 Prozent tun. Tun Sie es zu 80 Prozent. Mit unseren Rezepten. Vom Grapefruit-Ingwer-Flip über Gurken-Kaltschale zu Rettich-Möhren-Carpaccio mit Chilis. Und schieben Sie vor alles, was Sie dem Kochtopf anvertraut haben, eine große Schüssel Leben – einen Forever-Young-Salat (Seite 43). Ja, den gibt's auch für Süßschnäbel (Seite 61).

small-talk

Kohlenhydrate stoppen die Fettverbrennung

Auch ein Glas Apfelsaft stoppt die Fettverbrennung. Ein Nüdelchen stoppt die Fettverbrennung. Dicke Leute also stoppen ihre Fettverbrennung. Zu oft oder häufig sogar ständig. Und das kann man auch als Marathonläufer tun, indem man ständig Kohlenhydrate mampft. Und sich dann wundert, dass man dick bleibt. Und trotz viel Bewegung nicht abnimmt. Dünne Leute dagegen haben ein Geheimnis: Sie lassen Pausen. Oder sie essen weniger von den Kohlenhydraten. Das war alles. Ob schlank oder dick, das regelt der Mensch selbst. Über Menge und Häufigkeit der aufgenommenen Kohlenhydrate. Wer die gerne isst, muss einfach mehr laufen. Sie möglichst sofort verbrennen. Auch ein Weg.

Der Weg zur Leichtigkeit ...

führt über genetisch korrekte Kost. Zugegeben: Klingt erst mal sehr trocken – so lange, bis Sie sich den Asiasalat mit Hähnchen (Seite 71) oder den Räucherlachs mit Ricotta und Spinat (Seite 74) auf der Zunge zergehen lassen. Was steckt dahinter? Eiweiß. Essenzielle Fettsäuren. Vitalstoffe. Oder: Fisch. Fleisch. Ei. Milchprodukte (wenn man sie verträgt). Olivenöl. Obst. Gemüse. Nüsse. Punkt.

Nein, kein Aldi.

Ein echter Experte

Der dickste Mann der Welt heißt Manuel Uribe (43) und lebt in Mexiko. Rekordgewicht 560 kg. Der hat jetzt seinen Titel verloren. Er hat nämlich 250 kg abgenommen. Und ist damit erneut Weltmeister. Ist weltbester Experte. Für Gewichtsabnahme.

Der weiß mit Sicherheit mehr als jeder deutsche Ernährungsexperte. Weiß mehr als die DGE. Weiß mehr als jeder deutsche Dipl. oec. troph. – der hat sein Wissen bewiesen. Keiner von den genannten kann von sich behaupten, 250 kg abgenommen zu haben.

Dem Experten Uribe glaube ich.

Und dieser Experte wird natürlich um Rat gefragt. So gerade von seinem Landsmann José Luis Garza, bloß 450 kg schwer. Der wusste nicht mehr weiter. So wie zwei Drittel der deutschen Bevölkerung. Die auch nicht mehr weiterwissen. Und von den Fachgremien zwar übereifrig in jeder Talkshow, in jeder Zeitschrift, in Dutzenden Büchern beraten werden, aber ... irgendwie keinen Erfolg haben. Tja. Sollten vielleicht die Ratschläge nicht stimmen?

Jedenfalls hat der Weltmeister im Abnehmen, der wirkliche Experte Uribe dem hilfesuchenden 450-kg-Garza seinen Trick verraten. Und der hieß wörtlich:

Obst und Eiweißpulver

Kommt Ihnen bekannt vor. Wenn Sie meinen Ratschlägen gegenüber noch irgendeinen Zweifel hatten, dürfen Sie den jetzt ablegen. Mit dem Rezept »Obst und Eiweißpulver« kann man nachweislich 250 kg abnehmen.

Schneller geht es natürlich mit Gemüse und Eiweißpulver. Denn Sie brauchen ja nur die Vitamine, nicht unbedingt den Zucker in der Weintraube. Nur kenne ich Sie: Kaum sollen Sie sich mal einige Wochen von Gemüse ernähren, bröckelt der gute Vorsatz recht schnell ... Darum tun Sie das nur eine Woche lang. Auf der ersten Stufe der Enzymrevolution: Gemüse und Eiweißpulver. Vier Shakes, raffiniert gewürzt (siehe Seite 41). Gemüsesuppe – asiatisch, mediterran oder Forever Young und in lebendiger Form: als einer unserer elf Salate (Seite 42 ff.). Und wenn Sie jetzt noch ein bisschen es-

small-talk

Keine Diät funktioniert ohne Eiweiß

Nein. Nein. Nein: Eiweiß ist nicht gefährlich. Sie brauchen Eiweiß. Wenn Sie abnehmen wollen: zwei Gramm pro Kilogramm Körpergewicht. Punkt. Eiweiß macht satt. Verhindert, dass die Muskeln abgebaut werden. Es stärkt das Immunsystem. Es schenkt Energie, macht wach und potent, fördert über Glückshormone die gute Laune. Und es fördert die Fettverbrennung. Eiweiß ist Metabolic Power pur. Sie finden es in Fisch, Fleisch, Geflügel, Ei, Hülsenfrüchten – und einem guten Eiweißpulver. Und wie Sie das finden, steht auf Seite 25.

senzielle Fettsäuren hinzugeben, in Form von Olivenöl und Nüssen … verhalten Sie sich genetisch korrekt. Also ideal. Und … blühen auf. Und sind bald reif für die zweite Stufe: mit herrlichem, süßem Obst.

Olivenöl für ein leichteres Leben

Werfen wir doch – auch wenn es sich hier um ein Kochbuch handelt – einen weiteren Blick abseits des Kochtopfes in ein Forscherlabor: Gary Schwartz von der Yeshiva-Universität in New York mischte Ratten Olivenöl unters Futter, und die fraßen weniger als die grauen Genossen, die das Öl nicht bekamen – und wurden schlank. Warum? Zellen im Dünndarm produzieren Oleylethanolamid (OEA). Und dieser Botenstoff übermittelt über die Nervenenden dem Hirn die Nachricht: Hallo da oben, Hunger einstellen. Genug da! Nun hoffen die Forscher auf eine Schlankpille, die das wunderbare OEA anhebt. Sie, liebe Leser, glauben da gar nicht erst dran.

Die Natur kann alles besser. Und sie schmeckt. Deswegen trinken die schlanken Kreter ein Gläschen Olivenöl. Die Weight Watchers verordnen es ihren Probanden, wenn gar nichts mehr geht. Und Sie warten nicht lange auf das Plateau, sondern tanken Olivenöl schon ab der ersten Stufe in einem der köstlichen Salate ab Seite 42 – und werden schlank.

Nüsse & Samen für mehr Energie

Haben Sie schon mal ein dickes Eichhörnchen gesehen? Tja, würde es auf einem Nudelbaum leben … Eichhörnchen knabbern Nüsse. Tun Sie das auch. Studien zeigen: Wer täglich etwa 20 bis 30 Gramm Nüsse isst, der senkt sein Herzinfarktrisiko um bis zu 47 Prozent – und bleibt schlank dabei. In einer japanischen Studie aßen die Probanden Pekanüsse und erhöhten den Fettanteil ihrer Nahrung beträchtlich. Trotzdem wuchsen keine Fettdepots an Hüften und Po, weil die nusseigenen mehrfach ungesättigten Fettsäuren keine Kalorienträger sind, sondern Zellmembranen stabilisieren. Nüsse senken den Adernverstopfer LDL-Cholesterin um 15 Prozent (welche Pille schafft das?), dimmen die Blutfette namens Triglyzeride um sieben Prozent runter. Ungesättigte Fettsäuren aus Nüssen verbessern den Blutfluss und hemmen entzündliche Prozesse.

Die nusseigene Aminosäure Arginin hält Blutgefäße elastisch und hemmt die Verklumpung von Blutplättchen.

Kalium, Kupfer, Vitamin E, B-Vitamine Ballaststoffe und Magnesium sorgen für ein gesundes Herz und gute Nerven. Sorgen für Metabolic Power, für ungeahnte Energie.

Nun wissen Sie, warum Nüsse und die ebenbürtigen Samen zu einer genetisch korrekten Kost gehören. Und schon ab Stufe 1 in Ihr neues Leben einziehen.

Fleisch für ein langes Leben

Herodot, der besonders deutschen Schülern so bekannte griechische Historiker und Geschichtenerzähler, hatte ja zwei große Ohren. Und hat alles, was er so hörte, weitergegeben. Sehr wohl wissend, dass in auch noch so unwahrscheinlichen Stories immer ein Körnchen Wahrheit steckt. So in der Storys vom langen Leben:

Er berichtet, dass die Perser nur 80 Jahre alt wurden, weil sie Brot aßen, während die Äthiopier mit Fleisch und Milch 120 Jahre und mehr erreichten.

Ich lese das so wie Sie, schmunzle … und probiere es aus. Wirklich. Vielleicht habe ich ja ein Ausprobiergen von meiner Mama geerbt. Ganz konkret:

Soeben auf Mallorca. Seminar, eine Woche. Und da habe ich mich praktisch nur von Fleisch ernährt. Praktisch heißt: über 90 Prozent. Weil das in dem Ho-

tel so delikat angeboten wurde. Riesenmengen. Für Kenner kleine Anmerkung: plus Vitaminampullen.

Resultat war: Glück. Glück im Kopf. Und vor dem Spiegel. Kennen Sie Bruce Lee? Dieser Wunderkörper, der nur aus schmalen zähen Muskeln bestand? Keinerlei Unterhautfettgewebe …

Für Skeptiker: Natürlich habe ich mein Blut vorher und nachher untersucht. Deutlicher Anstieg von Eiweiß, deutlicher Abfall von Triglyzeriden und Cholesterin. Mit Fleisch. Dokumentiert. Erzählen Sie das mal Ihrem Hausarzt.

PS: Für Fleisch stehen hier natürlich auch der magere Eiweißlieferant Geflügel und herrliches Wild, reich an Omega-3-Fettsäuren – fürs Herz, für die gute Laune, fürs Gehirn und für die schlanke Linie. Es steht für Hähnchenfilet mit Avocadosalat (Seite 88), für Hirschsteak mit Walnuss-Joghurt-Sauce (Seite 90). Einfach ausprobieren. Schon ab der 2. Stufe.

Ausreichend Obst & Gemüse

Sie essen Obst? Glaub' ich nicht. Ich bin Arzt. Ich weiß zu viel. Ich kenne die Antwort eines Patienten (Originalzitat!): »Obst? Freilich, Herr Doktor. Erst vor vier Wochen habe ich einen Apfel gegessen.«

Sie lächeln? Da gibt es eine sehr präzise Studie der Deutschen Krebshilfe. An

12 000 Deutschen. Von denen genau vier Prozent die vorgeschriebenen fünf Portionen Obst und Gemüse am Tag essen. Das bedeutet, dass 96 Prozent von Ihnen eben nicht genug Obst und Gemüse essen. Sich das nur einbilden. Das sind Fakten.

Was Sie sich da antun, zeigt wunderschön eine klitzekleine Studie an 690 Kindern aus Kreta. Die sowieso viel gesünder essen als wir: 80 Prozent dieser Kinder essen zweimal täglich frisches Obst. Sowieso.

Jetzt kommt's: 70 Prozent aber essen mehr als das, also nicht nur mehr Obst sondern auch noch mehr Gemüse. Und bei diesen Kindern »war das Risiko für Asthma und allergischen Schnupfen um mehr als die Hälfte reduziert«.

Gemüse und Obst war das Hauptnahrungsmittel der Menschheit. Das war einmal. Wir haben heute lieber Asthma. Und Diabetes. Und grauen Star. Und Alzheimer. Und Schlaganfall. Und Herzinfarkt…

Das Leben könnte so einfach sein, erzähle ich Ihnen seit nunmehr 20 Jahren. Leichter, unbeschwerter, und … gesünder. Könnte. Fangen Sie gleich damit an. Zum Beispiel mit dem Auberginenschnitzel mit Ajvar-Dip, der Brokkoli-Curry-Suppe auf Seite 73. Und mit Fruchtsalat mit Mandelcreme oder der Quark-Moussee mit Erdbeersalat … Sorry, wie gemein. Natürlich müssen Sie erst über die erste Stufe. Das Nadelöhr ins leichte Leben. Und das führt über Eiweißpower pur.

small-talk

Schlank in Akkordzeit

Im Akkord arbeiten Ihre Fettverbrennungsenzyme, wenn Sie irgendwann langsam, locker, lächelnd laufen. Und zwar verbrennen Sie dann auf der Couch liegend um 54 Prozent mehr Energie. Den ganzen Tag! Die Kalorien verpuffen als Wärme über die Haut. Das fanden jüngst Forscher der Yale-Universität in New Haven heraus. Der Stoffwechsel im Muskel läuft bei gut trainierten Ausdauersportlern mit mehr Power als bei Couch-Potatoes. In den Mitochondrien, den kleinen Kraftwerken der Zelle, verbrennen viel mehr Nährstoffe, viel mehr Fett und Zucker. Kennen Sie vielleicht noch unter Zitratzyklus. Sportler setzen mehr Energie in Wärme um – und das macht nicht nur schnell schlank, sondern feit auch noch vor Insulinresistenz und vor Diabetes.

Warum Sie Eiweiß brauchen

Sie wollen satt sein? Gute Laune haben? Übermütig sein? Dynamisch sein? Na dann …

Mit Eiweiß erzielen Sie den besten Sättigungseffekt. Liefert das Essen zu wenig Eiweiß, signalisiert der Körper so lange Hunger, bis seine Eiweißspeicher wieder gefüllt sind. Sie nehmen mehr Kalorien auf als notwendig, weil Sie mehr essen. Das nennt man Proteinhebeleffekt. Wegen ihm kann eine Diät auch nur funktionieren, wenn Sie dem Körper genug Eiweiß spendieren.

Mit Eiweiß verlieren Sie Ihre Kilos: Neue Studien zeigen, dass die Diäten, die zu einem Drittel aus Eiweiß bestehen, am effektivsten wirken. Lassen Sie es sich schmecken im Himbeer-Minze-Smoothy, als Pfirsichquark mit Sonnenblumenkernen, in Form von mariniertem Ziegenkäse oder Spargel-Eier-Salat, als Seelachs, Hirschsteak, Putenbrust – mit den Rezepten in diesem Buch.

Eiweiß ist lebenswichtig. Sie und Ihr Immunsystem, Ihre Muskeln, Ihre Organe, Ihre Haut und Ihre Glücksbotenstoffe bestehen aus 24 kleinen Eiweißbausteinen, den Aminosäuren.

Neun davon sind essenziell, das heißt, so lebenswichtig wie Vitamine – und weil sie der Körper nicht selbst herstellen kann, müssen sie täglich in allen Mahlzeiten stecken. Deswegen sollten

Sie schon morgens eine Portion Eiweiß tanken: Quark, Soja oder Ei. Dann wird Ihr Gehirn auch gleich mit ausreichend Cholin versorgt. Dem Stoff, der für Denken, Konzentration, Gedächtnisleistung zuständig ist.

Eiweiß brauchen Sie alle vier bis fünf Stunden: Wenn Sie alle vier bis fünf Stunden ein kleines Häppchen Eiweiß ohne Fett essen, drehen Sie Ihre biologische Uhr zurück. Sie ernten Kreativität, gute Laune, einen schönen, schlanken, jungen Körper und Erfolg. Denn Eiweiß ist das Geheimnis der Sieger im Lebensmarathon.

Etwas wissenschaftlich ausgedrückt: Die Erhöhung des Proteinanteils in der Ernährung auf bis zu 30 Prozent bewirkte bei metabolem Syndrom, Diabetes Typ 2 oder Fettstoffwechselstörung eine eindeutige Abnahme des viszeralen Fettes sowie eine Verbesserung des Glukose- und Lipidstoffwechsels (Farnsworth et al., 2003; Parker et al., 2002; Gannon et al., 2003, Gannon & Nuttalli, 2004 u. a.).

Warum Sie Eiweißpulver brauchen

... weil Eiweiß viel für Sie tut

1. Eiweiß gibt Lebensenergie – nicht nur über mehr Muskeln.
2. Eiweiß verschafft inneren Antrieb.
3. Eiweiß produziert Glückshormone.
4. Eiweiß stimuliert das Immunsystem, unsere Abwehrkräfte.
5. Eiweiß öffnet die Blutgefäße, verstärkt die Durchblutung, macht wach und potent.
6. Eiweiß beschleunigt die Regeneration. Man kann nach Anstrengung sehr viel schneller wieder Außerordentliches leisten.
7. Eiweiß macht schlank. Stimuliert die Fettverbrennung über zwei Hormone.
8. Eiweiß hilft gegen Arthrose und Arthroseschmerz. Es baut den Knochen auf, baut den Muskel auf.
9. Eiweiß entwässert.

... weil Sie zu wenig im Blut haben

Eiweiß ist nicht gleich Eiweiß. Es gibt minderwertiges Eiweiß von nur 40 Prozent biologischer Wertigkeit genauso wie höchstwertiges mit 140 Prozent. Deshalb hat der im Blut tatsächlich gemessene Eiweißspiegel oft so wenig mit der Zufuhr zu tun. Es kommt also darauf an (und das heißt biologische Wertigkeit), möglichst viel von den neun essenziellen Aminosäuren täglich aufzunehmen. Den Eiweißbausteinen, die der Körper nicht selbst herstellen kann. Und die kann man messen. Im Blut. Es fasziniert mich täglich, mitzuerleben, wie Menschen

nach dieser Messung plötzlich verstehen, weshalb sie als Sportler oder im Beruf nichts taugen, weshalb sie immer wieder krank sind, weshalb sie zu Depression neigen – und warum sie übergewichtig sind. Heutzutage braucht man eben nicht mehr irgendwelchen Ernährungsmärchen zu glauben, man kann messen und wissen. Kennen Sie Ihren Eiweißspiegel, Ihr Aminosäureprofil?

... weil nicht genug auf dem Teller liegt. Mit der normalen Ernährung kann man nicht den Bedarf eines übergewichtigen Körpers decken. Man braucht pro Kilogramm Körpergewicht 2 Gramm gutes Eiweiß. Und dafür müsste ein 100-Kilo-Mensch 200 Gramm essen. Und die stecken in 30 Eiern oder 800 Gramm Hühnerbrust oder 1 Kilo Lachs oder 1,5 Kilo Quark.

Auf der ersten Stufe ...

... trinken Sie Reineiweißpulver in Wasser aufgelöst. Weil der Körper in dieser Kohlenhydrat-Hungerphase versucht, fürs Gehirn Kohlenhydrate herzustellen. Und das tut er ja wirklich aus Alanin, aus einer Aminosäure, aus Eiweiß. Damit dies nicht aus dem Muskeln, aus dem Immunsystem weggeräubert wird, trinkt man alle vier Stunden Eiweiß. Sie nehmen viel Eiweiß auf, um sicher zu gehen, dass die Muskulatur und das Immunsystem nicht angegriffen werden.

Ab der 2. Stufe ...

... dürfen Sie einen Shake mit Obst krönen. Und Sie tanken zudem Eiweiß der Natur, in Form von Fleisch, Geflügel, Fisch, Tofu, Milchprodukten, Eiern ... verpackt in herrlichen Rezepten.

Wie findet man ein gutes Eiweißkonzentrat?

- Ein gutes Eiweißpulver liefert alle essenziellen Aminosäuren in den richtigen Konzentration. Aminosäuren sind die Bausteine des Lebens, das Urgeheimnis eines unüberwindlichen Immunsystems. Schaffen uns Glückshormone auf natürliche Weise – ohne Antidepressiva. Aminosäuren sind unsere Lebensenergie, unser Antrieb. Die Aminosäuren stecken im Eiweiß. In der höchsten Konzentration finden Sie Aminosäuren im Eiweißkonzentrat, im Eiweißpulver. Und dessen Güte, dessen Qualität wird beschrieben durch die biologische Wertigkeit. Ein gutes Eiweißpulver hat eine biologische Wertigkeit über 100. Meines hat 137. Steht diese nicht auf der Packung, dann wissen Sie, warum.

- Ganz wichtig: Ein gutes Eiweißpulver ist natürlich nahezu kohlenhydratfrei. Und es liefert L-Carnitin. Der Eiweißstoff baut Fett ab und Muskeln auf – wenn Sie sich gleichzeitig bewegen. Achten Sie darauf, dass auch die gesetzlich maximal zulässige Dosis drinsteckt. 1,667 Gramm Carnitin pro 100 Gramm. L-Carnitin ist nämlich teuer!
- Es gibt einen ganz leichten Test, um festzustellen, ob sich Ihr Eiweißpulver für Sie auch lohnt. Nehmen Sie einfach die seltenste essenzielle Aminosäure in der Natur, nämlich Tryptophan. Die steckt nur mit 0,5 bis 1,6 Gramm pro 100 Gramm reines Protein in einem Pulver. Je mehr davon drinsteckt, desto besser ist Ihr Eiweiß. Tryptophan ist der Knackpunkt, das Nadelöhr. Verschwindet im Körper unter Stress. Ganz schnell. Kein Wunder, dass jeder dritte Deutsche einmal in seinem Leben depressiv wird. Zu wenig Glückshormone entwickelt. Tryptophanmangel hat.

Also: Achten Sie auf Tryptophan!

eiweiß – wer liefert was?

Süße und saure Früchte

	Eiweiß in g
1 kleiner Apfel (100 g)	0
1 kleine Banane (100 g)	1
1 kleine Birne (100 g)	1
1 Schale Erdbeeren (250 g)	2
1 mittelgroße Orange (150 g)	2
4 getrocknete Pflaumen (25 g)	1

Gemüse

	Eiweiß in g
1 große Artischocke (150 g)	4
1 mittelgroße Avocado (200 g)	4
1 kleiner Strunk Brokkoli (150 g)	5
1 Kolben Chicorée (150 g)	2
$\frac{1}{4}$ Kopf Grünkohl (150 g)	6
1 EL Mais (Konserve; 15 g)	1
1 mittelgroße Paprika (150 g)	2
10 Stück Rosenkohl (150 g)	7
1 kleine Zucchini (150 g)	2
1 kleine Zwiebel (50 g)	1

Pilze

	Eiweiß in g
1 Schale Austernpilze, geputzt (200 g)	5
1 Schale Champignons, geputzt (200 g)	5
2 EL Morcheln, getrocknet (10 g)	1
$\frac{1}{2}$ Schale Pfifferlinge, geputzt (100 g)	2
$\frac{1}{2}$ Schale Shiitake, geputzt (100 g)	2
$\frac{1}{2}$ Schale Steinpilze, geputzt (100 g)	4

Hülsenfrüchte & Sprossen

	Eiweiß in g
1 Handvoll Alfalfasprossen (30 g)	1
1 Bambussprosse (Konserve; 75 g)	2
1 kl. Teller Bohnen, grün, gegart (125 g)	3
$\frac{1}{2}$ kl. Dose Bohnen, weiß (125 g)	11
1 Teller Erbsen (TK), grün, gegart (125 g)	7
2 Handvoll Kichererbsen, getrocknet (40 g)	9
$\frac{1}{2}$ kl. Dose Kidneybohnen (125 g)	7
2 Handvoll Linsen, getrocknet (40 g)	11
1 Handvoll Mungobohnensprossen (30 g)	1
2 Handvoll Sojabohnen, getrocknet (40 g)	15
1 kl. Schale Zuckerschoten (125 g)	5

Sojaprodukte

	Eiweiß in g
1 TL Misopaste (10 g)	1
1 Glas Sojadrink, natur (200 ml)	7
1 Becher Sojajoghurt, natur (125 g)	6
1 EL Sojamehl, vollfett (15 g)	6
2 EL Sojaschnetzel (15 g)	7
1 TL Sojasauce (5 g)	1
4 Scheiben Tempeh (100 g)	20
$\frac{1}{2}$ Stück Tofu, natur (100 g)	16
1 Paar Tofuwürstchen (Konserve; 125 g)	17

Nüsse & Samen

	Eiweiß in g
1 kl. Handvoll Cashewnüsse (25 g)	1
1 kl. Handvoll Erdnüsse (25 g)	3
1 Handvoll Haselnüsse (25 g)	3
1 $\frac{1}{2}$ EL Kürbiskerne (15 g)	4
1 EL Leinsamen (15 g)	4
1 Handvoll Mandeln (25 g)	5
1 EL Pinienkerne (15 g)	4
1 EL Sonnenblumenkerne, geschält (15 g)	3
1 kl. Handvoll Walnüsse (25 g)	4

Eier

	Eiweiß in g
1 Ei, gekocht (60 g)	8
1 Eigelb (22 g)	4
1 Eiweiß (38 g)	4
2 Rühreier mit Schinken und Käse (185 g)	26

Milch und Milchprodukte

	Eiweiß in g
1 Glas Buttermilch (200 ml)	7
1 Becher Dickmilch (3,5 %; 200 g)	7
1 Becher Joghurt (3,5 %; 150 g)	5
1 Glas Kefir (3,5 %; 200 ml)	7
1 Glas Frischmilch (3,5 %; 200 ml)	7
1 Glas Molke (200 ml)	2
1 EL saure Sahne (10 %; 15 g)	1

Käse & Quark

	Eiweiß in g
1 Scheibe Appenzeller (30 g)	8
1 Scheibe Bergkäse (30 g)	9
1 Ecke Brie (30 g)	6
1 Scheibe Butterkäse (30 %; 30 g)	8
1 Ecke Cambozola (30 g)	4
1 Ecke Camembert (45 %; 30 g)	6
1 Scheibe Edamer (30 %; 30 g)	8
1 Scheibe Emmentaler (45 %; 30 g)	9
1 kl. Stück Feta (45 %; 30 g)	5
1 EL Frischkäsezubereitung (21 %; 15 g)	2
1 Ecke Gorgonzola (30 g)	6
1 Scheibe Gouda (40 %; 30 g)	7
1 Scheibe Gryerzer (50 %; 30 g)	9
1 kl. Rolle Korbkäse, Handkäse (30 g)	9
3 EL körniger Frischkäse (30 g)	4
2 EL Mascarpone (30 g)	1
1/2 Kugel Mozzarella (60 g)	11
1 EL Parmesan (10 g)	4
1/2 Becher Quark, mager (125 g)	17
2 EL Ricotta (20 %; 30 g)	3
1 Scheibe Tilsiter (30 %; 30 g)	9
1 Ecke Ziegenweichkäse (45 %; 30 g)	6

Süßwasser- & Seefisch

	Eiweiß in g
1 Aalfilet, geräuchert (100 g)	16
3 Bismarckheringe (Konserve, 125 g)	17
1 kl. Brasse (Dorade; 350 g/200 g*)	32
1 kl. Forelle (350 g/180 g*)	43
1 Forellenfilet, geräuchert (75 g)	16
2 Heringsfilets (150 g)	31
1 Kabeljaufilet (150 g)	31
1 Lachssteak (200 g/150 g*)	30
3 Scheiben Lachs, geräuchert (75 g)	21
1 Makrelenfilet, geräuchert, mit Haut (120 g/100 g*)	20
3 Matjesfilets (Konserve; 150 g)	27
1 Rotbarschfilet (150 g)	32
1 TL russischer Kaviar (5 g)	1
1 Seelachsfilet (150 g)	32
1 Scheibe Seeteufel (180 g/150 g*)	25
1 Scheibe Thunfisch (120 g)	28
1 kl. Dose Thunfisch naturell (60 g)	12
1 kl. Teller Tintenfisch (150 g)	28
1 Filetstück Zander (200 g)	45

** = verzehrbarer Anteil*

eiweiß – wer liefert was?

Muscheln & Krustentiere

	Eiweiß in g
1 kl. Teller Garnelen (100 g*)	20
½ kl. Hummer (100 g*)	19
½ kl. Teller Krabben, Nordsee (50 g*)	9
7–8 Krebse (Edel-, Fluss-; 100 g*)	19
1 kl. Teller Meeresfrüchtecocktail (150 g)	15
1 Schüssel Miesmuscheln (750 g/225 g*)	23

Geflügel & Wild

	Eiweiß in g
¼ Ente (550 g/200 g*)	53
½ Fasan (450 g/200 g*)	44
⅙ Gans (630 g/200 g*)	47
1 Hasenkeule (350 g/220 g*)	66
2 Hirschmedaillons (150 g)	31
½ Huhn (600 g/300 g*)	60
1 Hühnerbrustfilet ohne Haut (150 g)	35
1 Kaninchenkeule (250 g/200 g*)	42
1 Putenschnitzel (150 g)	36
2 Scheiben Rehrücken (150 g)	34
2 Wildschweinmedaillons (160 g)	31

Fleisch

	Eiweiß in g
2 Frikadellen (150 g)	31
2 Kalbsmedaillons (180 g)	36
1 Kalbsschnitzel (150 g)	31
2 Lammfilets (180 g)	37
4 einfache Lammkoteletts (180 g)	27
1 Rinderfilet-Tournedo (120 g)	25
1 Teller Rindergulasch (Hals; Kamm; 200 g)	38
1 kl. Teller Rinderhackfleisch (150 g)	29
2 Scheiben Roastbeef (180 g)	41
2 Scheiben Schweinebauch (180 g)	32
3 Schweinemedaillons (150 g)	33
1 kl. Teller Schweinehackfleisch (150 g)	27
¼ Schweinehaxe (180 g)	37
1 Schweinekotelett (240 g/200 g*)	43
1 Schweineschnitzel (180 g)	40

Wurst

	Eiweiß in g
2 Scheiben Bierschinken (30 g)	6
4 Scheiben Bündnerfleisch (30 g)	11
2 Scheiben Geflügelwurst, mager (30 g)	6
1 große Scheibe Kochschinken (30 g)	7
3 Scheiben Lachsschinken (30 g)	10
1–2 Scheiben Mortadella, fettarm (30 g)	5
2 Scheiben Rindfleischsülze (30 g)	8
3 Scheiben Schinken, roh, mit Fettrand (30 g)	10
1 ½ EL Truthahnfleischpastete, mager (30 g)	5

Müsli, Flocken & Co.

	Eiweiß in g
1 Teller Frischkornbrei (30 g Getreideschrot und 120 ml Vollmilch; 150 g)	7
3 EL Früchtemüsli ohne Zucker (30 g)	3
2 EL Haferflocken (30 g)	4
2 EL Haferkleie mit Keim (20 g)	4
3 EL Müsli ohne Zucker mit Nüssen (30 g)	4
2 EL Roggenflocken (30 g)	3
1 EL Weizenkeime (10 g)	3
2 EL Weizenkleie (10 g)	2

	Eiweiß in g

Getreide & Mehl

	Eiweiß in g
1 EL Amaranth (15 g)	2
4 EL Bulgur (40 g)	5
1 EL Couscous (10 g)	1
1 geh. EL Dinkelvollkornmehl (15 g)	1
1 EL Quinoa (15 g)	2
1 geh. EL Roggenvollkornmehl (15 g)	2
1 Stück Seitan (100 g)	31
1 geh. EL Weizenvollkornmehl (15 g)	2

Brot & Brötchen

	Eiweiß in g
1 Scheibe GLYX-Brot (40 g)	3
1 Mehrkornbrötchen (60 g)	4
1 Scheibe Pumpernickel (40 g)	3
1 Scheibe Roggen-Sauerteigbrot, Vollkorn (40 g)	3
1 Scheibe Vollkornbrot mit Nüssen/Samen (40 g)	3
1 Weizenschrotbrötchen (45 g)	3

Kartoffeln

	Eiweiß in g
1 Kartoffelkloß, roh, selbst gemacht (100 g)	2
1 Teller Kartoffelpüree, selbst gemacht (200 g)	5
2 kl. Pell-/Salzkartoffeln (80 g)	1
2 Pellkartoffeln mit 100 g Kräuterquark (180 g)	11

Teigwaren

	Eiweiß in g
40 g Buchweizennudeln, roh (120 g)	10
40 g Dinkelnudeln, roh (120 g)	13
40 g Glasnudeln aus Mungobohnen (120 g)	0
40 g Hartweizennudeln, roh (120 g)	8
40 g Sojateigwaren, roh (120 g)	7
40 g Vollkornnudeln, roh (120 g)	7

Reis

	Eiweiß in g
40 g Naturreis, parboiled, roh (120 g)	4
40 g Reis, parboiled, roh (120 g)	3
40 g Wildreis, roh (80 g)	5

Süßes

	Eiweiß in g
1 Stück Apfelstrudel (150 g)	4
1 Bratapfel mit Nussfüllung, Honig (180 g)	6
3 Dinkelvollkornkekse (30 g)	3
1 große Kugel Fruchteis ohne Zucker (75 g)	3
6 Gummibärchen (14 g)	0
1 Stück Käsekuchen (150 g)	13
1 Rippe Bitterschokolade (mind. 70 % Kakao; 20 g)	2
1 geh. TL Erdnussmus (15 g)	4

Knabbereien

	Eiweiß in g
1/3 Tüte Kartoffelchips (50 g)	3
1/2 kl. Tüte Popcorn, salzig (40 g)	4
4 Reiswaffeln mit Salz (20 g)	2
33 Salzstangen (30 g)	3

Getränke

	Eiweiß in g
1 Glas Haferdrink (200 ml)	2
1 Glas Kakaotrunk (Magermilch, ungezuckert; 200 ml)	7
1 Glas Sauerkrautsaft (200 ml)	2
1 Glas Tomatensaft (200 ml)	2

** = verzehrbarer Anteil*

Die drei Stufen und der Schlampertag

So. Sie wissen nun: eine Woche Kohlenhydrathahn zudrehen. Drei weitere Wochen die Kohlenhydrate noch vom Tellerrand schieben. Lernen, dass es dem Gaumen, dem Kopf, dem Körper auch ohne schmeckt. Bis das Heer an fettabbauenden Enzymen aktiv ist. Dann dürfen auch wieder Luxusmengen an Nudeln, Brot, Reis … aufgegabelt werden.

Luxus auf dem Teller

Luxusmengen heißt: genau so viel, wie Ihr Muskel verbrennt. Sie wollen ja nicht, dass der Zucker, die Stärke, das Mehl wieder in Form von Fett auf der Hüfte landen. Was heißt das genau? Die Tabelle auf Seite 32/33 zeigt Ihnen, welche Mengen Sie ab der 3. Stufe von den kohlenhydratreichen Lebensmitteln als Beilage zum oder als Dessert nach dem Essen genießen dürfen. In der angegebenen Portionsgröße locken sie alle nur wenig Insulin. Denn alle diese Lebensmittel haben nur einen niedrigen bis mittleren glykämischen Index (GLYX) – und in dieser Portion auf alle Fälle eine niedrige glykämische Last (GL).

So: Das sind wirklich Luxusmengen. Also kleine Mengen. Die können Sie aber mit der Zeit aufstocken. Finden Sie heraus, wie viele Kohlenhydrate Ihr Muskel verbrennt.

Spielen Sie damit ein bisschen. Am Anfang sind Sie natürlich ein wenig streng, dann erhöhen Sie die Luxusportionen – und finden heraus, mit welcher Menge Sie weiterhin abnehmen oder einfach nur schlank bleiben.

Kennen Sie den Begriff Schlampertag?

Gibt's gerade im Forum www.strunz.com einen wirklich herzerhebenden Kurzbericht eines Herrn mit dem schönsten Vornamen Deutschlands, der erzählt:

»... im Jahr 2 Marathonläufe unter 3:30 Std. und jeweils einen 100-km-Lauf absolviert habe. Kohlenhydrate setze ich nur noch ganz selten und gezielt ein. Ich fasse es kaum, aber es geht mir besser denn je, und ich laufe so schnell, wie viele Jahre nicht mehr.«

Also ein wacher Mensch. Der zuhört und umsetzt. Und Erfolg erntet.

Aber eben auch ein erfreulich normaler Mensch. Offenbar kein Neurotiker (so wie ich). Er schreibt nämlich weiter:

»Allerdings gönne ich mir einmal in der Woche ›alles‹ – von Brötchen über Bier bis Chips.«

Herrlich. That's life. Recht hat er. Bitte vergessen wir nie: Die Menschheit hat mindestens einmal im Jahr gefeiert. Und zwar unmäßig. Da wurde gefressen, gesoffen und ge...

Und wer das öfter als einmal im Jahr möchte, der verdient es sich eben. Mit Marathon und 100-km-Lauf. Und dann kann er sich wöchentlich einen Schlampertag erlauben.

Auch ich lerne.

small-talk

Über GLYX und GL

Die glykämische Last (GL) berechnet sich aus: Menge der Kohlenhydrate in der Portion (g) x GLYX : 100. Eine glykämische Last bis 10 ist niedrig. Mittel 10 bis 19. Über 20 erschrickt die Bauchspeicheldrüse, lockt viel zu viel Insulin.

Sie treiben keinen Sport: Dann sollte jede Mahlzeit nicht mehr als 10 GL haben. Weil der Muskel mehr Kohlenhydrate nicht verbrennt.

Sie bewegen sich täglich eine halbe Stunde – ausdauernd und machen zweimal die Woche ein Muskeltraining? Dann dürften bis zu 20 GL einer Mahlzeit nicht schaden.

Sie sind Leistungssportler? Dann verbrennen Sie auch mehr als 20 GL. An Ihrem Schlampertag.

Was bedeutet eigentlich …
Luxus-Kohlenhydrate?

Diese Portionen dürfen Sie nach und nach spielend erhöhen – so viel, wie Ihr Muskel verbrennt!

Hülsenfrüchte & Gemüse

		GL	GLYX	KH in g
125 g	Bohnen, weiß (Konserve)	6	30	21
125 g	Erbsen grün (TK), gegart	8	50	15
125 g	Kichererbsen (Konserve)	7	40	18
125 g	Kidneybohnen (Konserve)	6	50	11
120 g	Linsen, gegart	8	30	25
125 g	Linsen, braune (Konserve)	8	50	15
150 g	Möhre, gekocht	7	60	12

Reis & Getreide

		GL	GLYX	KH in g
25 g	Bulgur (Rohgewicht)	9	50	18
25 g	Couscous	10	65	15
70 g	Naturreis, gegart (Rohgewicht 25 g)	9	55	16
45 g	Wildreis, gegart (Rohgewicht 25 g)	9	55	16
25 g	Früchtemüsli	10	65	15
30 g	Haferflocken, Vollkorn	10	55	19
30 g	Zartweizen	8	40	18

Brot

		GL	GLYX	KH in g
40 g	Buchweizen-Vollkornbrot	8	45	17
40 g	Gerstenbrot	5	25	18
40 g	Haferkleiebrot	8	45	18
40 g	Leinsamenbrot	6	55	11
40 g	Mehrkornbrot, Vollkorn/Schrot	8	50	16
40 g	Pumpernickel	7	45	15
40 g	Roggen-Sauerteigbrot/-brötchen	10	55	18
40 g	Roggenbrot, Vollkorn/Schrot	8	50	15
40 g	Vollkornbrot mit Nüssen	7	55	12
40 g	Weizenvollkornbrot/ Vollkornbaguette	10	60	16

Kartoffeln

		GL	GLYX	KH in g
80 g	Pellkartoffeln	8	60	14
80 g	Salzkartoffeln	8	60	14

Teigwaren

		GL	GLYX	KH in g
120 g	Glasnudeln aus Mungobohnen, gegart (Rohgewicht 40 g)	5	33	15

		GL	GLYX	KH in g
70 g	Nudeln, Hartweizengrieß al dente (Rohgewicht 25 g)	10	45	21
120 g	Sojateigwaren, gegart (Rohgewicht 40 g)	9	45	20
100 g	Vollkornnudeln, gegart (Rohgewicht 35 g)	9	35	26

Obst

		GL	GLYX	KH in g
100 g	Apfel	4	40	11
40 g	getrocknete Softaprikosen oder 25 g getrocknete Aprikosen	4	30	13
100 g	Birne	5	40	12
150 g	Erdbeeren	4	40	9
150 g	Orange	6	45	14

Zum Süßen

		GL	GLYX	KH in g
1 TL	Agavendicksaft	1	10	5
1 TL	Ahornsirup	3	55	5
1 TL	Akazienhonig	1	30	5
1 TL	Vollrohrzucker	5	70	7

Die kleinen Ausrutscher, die in dieser Menge mal passieren dürfen! Nach der 4. Woche.

		GL	GLYX	KH in g
50 g	Eiscreme	10	60	16
20 g	Kekse mit Cremefüllung	10	65	15
25 g	Vollkornkekse	7	60	11
25 g	Müsliriegel	7	60	11
130 g	Mousse au chocolat (Bitterschokolade)	10	35	28
20 g	Schokolade, bitter (mind. 70 % Kakaoanteil)	1	20	5
10 g	Schokolade, Vollmilch	3	50	5
130 g	Schokoladenpudding	10	45	22
50 g	Erdnüsse im Schokomantel	5	35	14
100 g	Ananas	9	65	14
80 g	Banane, reif	10	60	17
125 g	Honigmelone (ohne Schale)	10	65	16
125 g	Mango	9	55	16
125 g	Papaya	2	60	3
100 g	Weintrauben, blau	10	60	17
125 g	Weintrauben, grün	9	45	20
20 g	Toastbrot	8	75	10
30 g	Weißbrot	10	70	14

Getränke

		GL	GLYX	KH in g
140 ml	Limonaden-/Colagetränk	10	70	14
200 ml	Möhrensaft	5	45	12

GL = Glykämische Last; GLYX = Glykämischer Index; KH = Kohlenhydrate; 1 TL = 7 g

1. stufe erst mal scharf bremsen

Leben Sie eine Woche lang ohne Kohlenhydrate – und wecken Sie die Fettverbrennungs-Enzyme. Wie das aussieht? Vier Metabolic-Power-Eiweißdrinks, so viel Gemüsesuppe, wie Sie Lust haben – und eine Schüssel Leben.

Genau: Herrlich bunter Salat mit Nüssen und Kernen

Der Metabolic-Power-Start

Sie drehen den Kohlenhydrat-Tankschlauch ab. Wecken die Fettverbrennungsenzyme. Das geht ganz einfach mit Eiweiß und Gemüse. Die Gemüsebrühe (Rezepte Seite 38) wärmt Sie, dämpft den Hunger zwischendurch, entsäuert den Körper, versorgt Sie mit Flüssigkeit und wichtigen Mineralstoffen. Davon löffeln Sie, so viel Sie wollen. Dazu trinken Sie viermal täglich einen Eiweiß-Shake – pur. Wie Sie ihn immer mal wieder anders würzen, steht auf Seite 41. Und einmal am Tag dürfen Sie eine große Schüssel voll knabbern: Gemüse, Nüsse, gesund und roh. Mittags oder abends – je nachdem, wann Sie Lust darauf haben: Wählen Sie sich einen der Metabolic-Power-Salate ab Seite 42 aus. Bleiben Sie auf dieser Stufe sieben Tage. Wenn Sie länger wollen, weil ganz viele Kilos weg müssen, nur zu: 14 Tage bis 4 Wochen sind für den Körper kein Problem – nur für den Kopf.

Ach ja: Anstrengen müssen Sie sich in dieser Woche nicht. Sie gehen einfach ein bisschen spazieren. Das ist gut für die Laune – und die Figur.

die 1. stufe-regeln

1. Trinken Sie mindestens drei Liter stilles Wasser täglich. Da dürfen Sie ruhig auch einen Teebeutel Ihrer Wahl reinhängen.

2. Kochen Sie sich einen großen Pott einer unserer Metabolic-Power-Suppen. Sie löffeln so viel davon, wie Sie gerne löffeln. Sie dürfen Sie natürlich auch schlürfen. Wenn Sie unterwegs sind, haben Sie eine Thermoskanne voll dabei.

3. Sie trinken täglich vier Eiweißdrinks im Abstand von vier bis fünf Stunden (bitte ein Pulver fast ohne Kohlenhydrate! Siehe Seite 25). In Wasser aufgelöst. Nach folgender Formel: pro 10 Kilo Körpergewicht 1 Esslöffel. Macht bei 100 Kilo 10 Esslöffel geteilt durch 4 Drinks: 2,5 Esslöffel pro Drink. Starten Sie morgens und trinken Sie den letzten vor dem Schlafengehen.

4. Der Mensch muss knabbern. Darum essen Sie täglich eine Schüssel Salat – bunte Variationen finden Sie ab Seite 42.

5. Für mehr Ballaststoffe sorgen: 1 Esslöffel Weizenkleie in einem Ihrer Eiweiß-Shakes. Plus 2 Teelöffel Leinsamen, die Sie so essen oder über den Salat streuen.

6. Sie verzichten diese Woche auf Alkohol. Warum? Jeder Tropfen Alkohol schlägt die Fettverbrennungsenzyme in die Flucht.

7. Wenn Sie mal nervös werden, schlecht gelaunt, dann nehmen Sie ruhig eine Minimenge Kohlenhydrate auf: 1 Stück Bitterschokolade, 1 Teelöffelchen Honig ... 5 Gramm. Das stoppt die Fettverbrennung nicht.

metabolic-power-suppen

Kochen Sie sich eine der drei Metabolic-Power-Suppen – und genießen Sie so viel Sie wollen. Sie können auch einen großen Pott kochen, portionsweise einfrieren und auftauen.

Fatburner

Forever-Young-Gemüsesuppe

Für 2 Personen

- 1 zarter Kohlrabi
- 1 Möhre (ca. 100 g)
- 1 kleiner Zucchino (ca. 125 g)
- 150 g Blumenkohl
- 1 dünne Stange Lauch
- 1 rote Zwiebel
- 2 EL Olivenöl
- $^5/_8$ l Gemüsebrühe
- 100 g Kirschtomaten
- Salz, Pfeffer
- 1 TL edelsüßes Paprikapulver
- einige Basilikumblätter

1 Kohlrabi schälen und würfeln. Möhre schälen und in dünne Scheiben schneiden. Zucchino waschen, putzen, längs halbieren und in Scheiben schneiden. Blumenkohl waschen, putzen und in Röschen teilen. Lauch waschen, putzen und schräg in dünne Ringe schneiden. Zwiebel abziehen und würfeln.

2 Das Öl in einem Topf erhitzen, Zwiebel darin glasig dünsten. Das Gemüse dazugeben, bei mittlerer Hitze 3 Minuten andünsten. Mit der Brühe auffüllen, aufkochen und zugedeckt bei schwacher Hitze 15 Minuten kochen lassen.

3 Tomaten waschen, in die Suppe geben, mit Salz, Pfeffer und Paprika würzen. Alles noch 5 Minuten ziehen lassen. Basilikumblätter daraufstreuen.

Basicsuppe

Gemüsebrühe

Für 2 Liter

- 1 Zwiebel
- 2 Knoblauchzehen
- 2 Möhren
- 200 g Knollensellerie
- 1 Stange Lauch
- Salz
- 1 Lorbeerblatt
- 1 Bund Petersilie
- Pfeffer

1 Zwiebel abziehen und grob würfeln, Knoblauch pellen und hacken. Möhren und Sellerie putzen, schälen und würfeln. Lauch waschen, putzen und in 3–4 cm lange Stücke schneiden.

2 Zwiebel, Knoblauch und Gemüse in 2 Liter Wasser mit 1 TL Salz und dem Lorbeerblatt zum Kochen bringen. Hitze reduzieren, das Gemüse zugedeckt 2 Stunden bei milder Hitze kochen lassen.

3 Inzwischen die Petersilie waschen, trockenschütteln und die Blätter abzupfen. Nach 1 Stunde Garzeit die Petersilie dazugeben und bis zum Schluss mitkochen.

4 Die Gemüsebrühe durch ein feines Spitzsieb abgießen, die Brühe mit Salz und Pfeffer abschmecken. Noch heiß in Portionsgläser abfüllen, fest verschließen und abkühlen lassen. Im Kühlschrank hält sich die Brühe 3–4 Tage.

tipp

Man kann man die Brühe auch portionsweise in gefrierbeständigen Behältern einfrieren und bei Bedarf auftauen.

stoffwechselanregend

Asia-Gemüsebrühe

Für 2 Liter

- 1 Zwiebel
- 2 Knoblauchzehen
- 1 walnussgroßes Stück Ingwer
- 2 Stangen Zitronengras
- 1–2 rote Chilischoten
- 250 g Spitz- oder Weißkohl
- 1 Bund Frühlingszwiebeln
- 1 rote Paprikaschote
- ½ Bund Koriandergrün
- 1–2 EL Sojasauce

1 Zwiebel, Knoblauch und Ingwer schälen und fein würfeln. Zitronengras putzen, äußere Hüllblätter ablösen, das Mark in feine Ringe schneiden. Chilischote waschen, putzen, entkernen und fein würfeln. Den Kohl putzen, vom Strunk befreien, waschen und in 1 cm

breite Streifen schneiden. Frühlingszwiebeln waschen, putzen, längs halbieren und schräg in 4–5 cm lange Stücke schneiden. Paprikaschote waschen, putzen und in Streifen schneiden.

2 Würzgemüse und Gemüse in einen Topf geben, 2 Liter Wasser und 1 TL Salz dazugeben. Aufkochen und zugedeckt bei milder Hitze 2 Stunden kochen lassen. Inzwischen Koriandergrün abbrausen, trockenschütteln, nach 1 Stunde hinzufügen und bis zum Schluss mitgaren.

3 Die Brühe durch ein feines Sieb gießen, dann mit Sojasauce abschmecken.

tipp

Indisch variiert wird die Suppe, wenn man noch 1 EL Currypulver dazugibt.

kräuterwürzig

Mediterrane Gemüsebrühe

Für 2 Liter

- 1 Zwiebel
- 2 Knoblauchzehen
- 1 mittelgroßer Zucchino (ca. 150 g)
- 2 Stangen Staudensellerie
- 4 Strauchtomaten
- 1 Zweig Rosmarin
- 5 Zweige Thymian
- 1 Lorbeerblatt
- Salz, Pfeffer

1 Zwiebel schälen und grob würfeln, Knoblauch abziehen und hacken. Zucchino waschen, putzen und würfeln. Sellerie waschen, putzen und in feine Scheiben schneiden. Tomaten überbrühen, abschrecken, häuten und grob hacken. Rosmarin und Thymian abbrausen, trockenschütteln, abzupfen und hacken.

2 Das Gemüse in 2 Liter Wasser mit 1 TL Salz langsam zum Kochen bringen. Rosmarin, Thymian und Lorbeer einlegen, Hitze reduzieren und das Gemüse bei milder Hitze etwa 2 Stunden kochen lassen.

3 Die fertige Brühe durch ein feines Sieb gießen, noch mal mit Salz und Pfeffer abschmecken. Noch heiß in gut verschließbare Portionsgläser abfüllen, abkühlen lassen und im Kühlschrank 3–4 Tage aufbewahren.

metabolic-power-drinks

Haben Sie sich ein gutes Eiweißpulver besorgt? Das wird Sie die nächsten Wochen begleiten. Auf der ersten Stufe mixen Sie sich täglich vier Eiweißdrinks. Einfach in Wasser verrühren – und mit unseren Würztipps verfeinern. Alle vier Stunden genießen – und Eiweiß-Power pur tanken. Willkommen gute Laune. Hüftpolster ade!

Every-day-Power

Eiweißdrink

Für 1 Person

- 2 gehäufte EL Eiweißpulver (30 g)
- 200 ml kohlensäurearmes Mineralwasser

1 Das Eiweißpulver in ein hohes Becherglas geben und mit Wasser zügig mit einer Gabel oder einem Schneebesen verrühren.

Varianten: *Nussiger Eiweißdrink:* Wahlweise 2 TL Mandel-, Haselnuss-, Erdnuss- oder Sesammus (Reformhaus) mit dem Eiweißpulver und dem Wasser verrühren.

Zitrusfrischer Eiweißdrink: Den angerührten Eiweißdrink mit der fein abgeriebenen Schale von 1 Bio-Zitrone oder -Limette oder 1/2 Bio-Orange aromatisieren.

Gewürz-Eiweißdrink: 1/2 TL Zimtpulver, 1 Prise Nelken- und Kardamompulver mit dem angerührten Eiweißpulver vermischen.

metabolic-power-salate

Der Mensch muss knabbern. Idealerweise Gemüse, am besten Salat oder Rohkost. Hier finden Sie Vertreter aus aller Welt. Ein Tipp: Eine Vinaigrette können Sie sich gleich in vierfacher Menge zubereiten, abfüllen. Hält sich im Kühlschrank eine Woche.

mediterran

Tomaten-Artischocken-Salat

Für 1 Person

- 1 EL Pinienkerne
- 250 g kleine Strauchtomaten
- 3 Artischockenherzen (Dose; ca. 150 g)
- 1 EL Aceto balsamico
- Salz, Pfeffer
- 1 EL + 1 TL Olivenöl
- 6 Salbeiblätter

1 Pinienkerne in einer Pfanne ohne Fett goldbraun rösten, vom Herd nehmen und abkühlen lassen.

2 Inzwischen Tomaten waschen, vom Blütenansatz befreien und in Spalten schneiden. Artischockenherzen abtropfen lassen und vierteln. Aceto balsamico, 1 EL Wasser, Salz, Pfeffer und 1 EL Olivenöl verrühren. Tomaten, Artischocken und Pinienkerne darin wenden.

3 Übriges Öl in einer kleinen Pfanne erhitzen, Salbeiblätter in 1–2 Minuten knusprig braten. Auf dem Salat verteilen, sofort servieren.

tipp für stufe 3

Mit al dente gekochten Penne-Hartweizennudeln (25 g Rohgewicht) oder Vollkornnudeln (35 g Rohgewicht) wird der Salat zu einer leicht sättigenden Mahlzeit.

bunt gemischt

Forever-Young-Salat

Für 1 Person

- 75 g gemischte Blattsalate (z. B. Feldsalat, Eichblattsalat, Kopfsalat, Rucola, Lollo rosso, Romana, Frisée)
- 2 kleine Strauchtomaten
- 1 Minigurke
- je ½ gelbe und orange Paprikaschote
- 2 Frühlingszwiebeln
- 4 Radieschen
- 1 EL Rotweinessig
- Salz, Pfeffer
- ½ TL scharfer Senf
- 1 EL Olivenöl

1 Die Salate waschen, trockenschleudern, putzen und in mundgerechte Stücke zupfen. Tomaten waschen und vierteln, Gurke schälen, längs halbieren und in Scheiben schneiden. Paprikaschoten waschen, putzen und in sehr kleine Würfel schneiden. Frühlingszwiebeln und Radieschen waschen, putzen und in dünne Scheiben schneiden. Die Zutaten in einer großen Schüssel mischen.

2 Für die Vinaigrette Essig, 2 EL Wasser, Salz, Pfeffer, Senf und Olivenöl zu einer dickcremigen Sauce schlagen. Über die Zutaten träufeln, behutsam mischen und gleich servieren.

tipp

Die Vinaigrette gleich in der 4-fachen Menge zubereiten und in eine Flasche oder ein Glas mit Schraubdeckel füllen, im Kühlschrank bis zu 1 Woche aufbewahren.

Varianten: Die Salatschüssel mit einer aufgeschnittenen Knoblauchzehe ausreiben. 1 EL gehackte Kräuter (z. B. Petersilie, Dill, Schnittlauch) oder 1 fein gehackte Schalotte unter die Salatsauce mischen.

fernöstlicher Gruß

Rettich-Möhren-Carpaccio mit Chili

Für 1 Person

- 1 EL Cashewkerne
- 125 g Rettich
- 1 Möhre (ca. 75 g)
- 1 EL Weißweinessig
- Salz, Pfeffer
- 1 EL Erdnussöl
- 1 grüne Chilischote
- 4 Stiele Koriandergrün (ersatzweise Petersilie)

1 Cashewkerne hacken, in einer Pfanne ohne Fett 2–3 Minuten bei mittlerer Hitze anrösten. Vom Herd nehmen und abkühlen lassen.

2 Inzwischen Rettich und Möhre schälen und in sehr dünne Scheiben schneiden oder auf der Gemüsereibe hobeln. Rettich- und Möhrenscheiben abwechselnd und leicht überlappend auf einer Platte oder einem großen Teller anrichten.

3 Essig, 1 EL Wasser, Salz, Pfeffer und Öl verrühren. Die Chilischote putzen, entkernen, fein würfeln und unterheben. Marinade über das Gemüse träufeln. Mit den Cashewkernen bestreuen und mit abgezupftem Koriandergrün garnieren.

tipp

Bürotauglich wird das Carpaccio, wenn Sie Rettich und Möhre in feine Stifte (Julienne) schneiden und mit den übrigen Zutaten vermischen.

spanisch angehaucht

Gazpacho-Salat mit gerösteten Mandeln

Für 1 Person

- 1 Minigurke (ca. 150 g)
- 2 mittelgroße Strauchtomaten
- 1 Stange Staudensellerie
- 1 orange Spitzpaprika
- 1 kleine weiße Zwiebel
- 1 EL Weißweinessig

- Salz, Pfeffer
- 1 EL Olivenöl
- 1 EL gehackte Mandeln
- 4 Stiele Petersilie

1 Gurke schälen, längs halbieren und entkernen, Tomaten waschen, vierteln und entkernen, beides in 2 cm große Würfel schneiden. Sellerie putzen, waschen und in feine Scheiben schneiden. Spitzpaprika waschen, halbieren, entkernen und in Streifen schneiden. Zwiebel abziehen, halbieren und in dünne Halbringe schneiden.

2 Essig mit 2 EL Wasser, Salz und Pfeffer verquirlen, das Öl unterschlagen. Das Gemüse darin wenden.

3 Die Mandeln in einer Pfanne ohne Fett rösten, bis sie goldbraun sind. Kurz abkühlen lassen. Inzwischen die Petersilie waschen, trockenschütteln, abzupfen, grob hacken und mit den Mandeln auf den Gemüsesalat streuen.

tipp

Zum Transportieren die gerösteten Mandeln separat in eine Kunststoffbox verpacken und erst im Büro auf den Salat streuen.

tipp für stufe 2: *Der sommerliche Salat schmeckt prima zu kurz gebratenem Lammfilet oder Thunfischsteak.*

vitalstoffreich

Römersalat mit Radieschen

Für 1 Person

- 1 Römersalatherz
- ½ Bund Radieschen
- 2 TL Mandelmus
- ½ TL scharfer Senf
- 1 EL Weißweinessig
- 3 EL Gemüsebrühe
- Salz, Pfeffer
- 1 EL Rapsöl
- 2 Handvoll gemischte Sprossen (ca. 15 g; z. B. Linsen, Radieschen, Luzerne)

1 Römersalat waschen, putzen, längs achteln, den Strunk abschneiden, aber nicht entfernen. Radieschen waschen, putzen und in dünne Scheiben schneiden.

2 Für das Dressing Mandelmus, Senf, Essig, Brühe, Salz und Pfeffer verquirlen, das Öl unterschlagen.

3 Römersalat anrichten, Radieschen darüberstreuen. Mit dem Dressing überziehen. Sprossen obendrauf streuen.

tipp für stufe 3

Mit 1 Scheibe Roggen-Sauerteigbrot (40 g) dabei wird daraus eine kleine, leichte Mahlzeit.

Grüner Salat mit Zitronen-Vinaigrette

Für 1 Person

- 2 EL Kürbiskerne
- ½ Eichblattsalat
- ½ reife Avocado
- 1 Schalotte
- 2 EL Zitronensaft
- Salz, Pfeffer
- 3–4 Spritzer Tabasco
- 1 EL Olivenöl

1 Die Kürbiskerne in einer Pfanne ohne Fett rösten, bis sie anfangen zu knistern. Vom Herd nehmen und abkühlen lassen.

2 Salat waschen, putzen und trockenschleudern. Stein aus der Avocado entfernen, Fruchtfleisch aus der Schale heben und in Stücke schneiden. Schalotte abziehen und fein würfeln.

3 Zitronensaft mit 2 EL Wasser, Salz, Pfeffer, Tabasco und Olivenöl verquirlen. Schalottenwürfel unterheben. Salat mit Avocado auf einem Teller anrichten, die Zitronen-Vinaigrette darüberträufeln. Kürbiskerne aufstreuen.

tipp

Ein paar Blättchen Koriandergrün intensivieren den Geschmack.

Kohlrabi-Rohkost mit Erdnüssen

Für 1 Person

- 1 EL ungesalzene Erdnusskerne
- 1 mittelgroßer Kohlrabi (ca. 275 g)
- 2 Frühlingszwiebeln
- 1 EL Limettensaft
- 1 EL Sojasauce
- 1 TL scharfes Currypulver
- Salz, Pfeffer
- 1 EL Erdnussöl
- 4 Stiele Koriandergrün (ersatzweise Petersilie)

1 Erdnüsse grob hacken, in einer Pfanne ohne Fett goldbraun rösten, dann abkühlen lassen.

2 Inzwischen Kohlrabi putzen, schälen und in feine Stifte hobeln oder grob raspeln. Frühlingszwiebeln waschen, putzen, das Weiße und Hellgrüne längs vierteln und in feine Streifen schneiden.

3 Limettensaft, Sojasauce, Curry, Salz und Pfeffer mit dem Öl verrühren. Kohlrabi und Frühlingszwiebeln anmachen. Erdnusskerne obendrauf streuen. Koriandergrün abbrausen, trockenschütteln, Blätter abzupfen und ebenfalls auf die Rohkost streuen.

tipp

Zum Mitnehmen die Rohkost am Vorabend zubereiten, aber erst vor dem Servieren mit den Nüssen und dem Koriandergrün bestreuen.

knofelig

Pilzsalat mit Tomaten-Dressing

Für 1 Person

- 75 g Feldsalat
- 100 g Champignons oder Egerlinge
- 1 Frühlingszwiebel
- 1 EL Balsamico bianco
- Salz, Pfeffer
- 1 kleine Knoblauchzehe
- 4 EL Tomatensaft
- 1 EL Olivenöl
- 1 EL Schnittlauchröllchen

1 Feldsalat waschen, putzen und verlesen, eventuell zerpflücken. Pilze putzen, abreiben und in dünne Scheiben schneiden. Frühlingszwiebel waschen, putzen, das Weiße und Hellgrüne in feine Ringe schneiden.

2 Balsamessig, Salz und Pfeffer verquirlen. Knoblauch schälen und dazupressen. Tomatensaft und Olivenöl gründlich unterschlagen.

3 Feldsalat und Pilze vermischen und anrichten. Frühlingszwiebel darüberstreuen. Mit dem Tomaten-Dressing überziehen. Schnittlauch aufstreuen.

tipp

Wer es aromatischer mag, sollte Egerlinge (braune Champignons) den weißen Zuchtchampignons vorziehen. **tipp für stufe 3:** *Gelungene Ergänzung zum Salat ist 1 Scheibe Walnuss-Vollkornbrot (40 g).*

öl verquirlen. Chinakohl, Zwiebel und die Hälfte des Sesams darin wenden. Schnittlauch und den übrigen gerösteten Sesam daraufstreuen.

tipp für stufe 2

Wer mag, mischt noch 1 Mandarine in Spalten oder 80 g halbierte kleine Erdbeeren unter den Chinakohlsalat.

chinesisch

Chinakohlsalat mit Ingwer-Dressing

Für 1 Person

- 1 EL Sesam
- 150 g Chinakohl
- 1 kleine rote Zwiebel
- Saft und abgeriebene Schale von ½ Biolimette
- ½ TL geriebener Ingwer
- ½ EL Sojasauce
- 1 EL Erdnussöl
- 1 TL dunkles Sesamöl
- 1 EL Schnittlauchröllchen

1 Den Sesam in einer Pfanne ohne Fett goldbraun rösten, beiseitestellen und abkühlen lassen.

2 Inzwischen den Chinakohl putzen, waschen, quer in 1 cm breite Streifen schneiden. Zwiebel schälen und fein würfeln.

3 Für das Dressing Limettensaft und -schale mit 2 EL Wasser, geriebenem Ingwer, Sojasauce, Erdnuss- und Sesamöl verquirlen. Chinakohl, Zwiebel und die Hälfte des Sesams darin wenden. Schnittlauch und den übrigen gerösteten Sesam daraufstreuen.

gut vorzubereiten

Italienischer Gemüsesalat

Für 1 Person

- 1 zarter Zucchino (ca. 150 g)
- 100 g Kirschtomaten
- 3 Schalotten
- 1 Knoblauchzehe
- 1 ½ EL Olivenöl
- 1 EL Zitronensaft
- 2 EL Gemüsebrühe
- Salz, Pfeffer
- 2 EL gehackte Walnüsse

1 Zucchino waschen, putzen und in dünne Scheiben schneiden. Tomaten abbrausen. Schalotten abziehen und in Spalten schneiden, Knoblauch pellen und in dünne Scheibchen teilen.

2 In einer Grillpfanne ½ EL Olivenöl verstreichen, stark erhitzen. Zucchino, Schalotten und Knoblauch darin 4–5 Minuten braten, gelegentlich wenden. Tomaten dazugeben, kurz mitbraten.

3 Inzwischen Zitronensaft, Brühe, Salz und Pfeffer verquirlen, übriges Öl unterschlagen. Grillgemüse anrichten, die Sauce darüberträufeln.

4 Nüsse in einer Pfanne ohne Fett rösten, bis sie anfangen zu bräunen. Kurz abkühlen lassen, auf den Salat streuen.

tipp

Für eine kräuterwürzige Komponente das Gemüse mit ½ TL gehacktem Rosmarin brutzeln.

Klassiker auf neue Art

Spitzkohlsalat mit Paprika-Vinaigrette

Für 1 Person

- 125 g Spitzkohl
- Salz
- 1 rote oder orange Spitzpaprika
- 1 EL Weißweinessig
- Pfeffer
- 1 gestrichener TL edelsüßes Paprikapulver
- ½ TL Kümmel
- 1 EL Rapsöl
- ½ Bund Petersilie

1 Spitzkohl waschen, putzen, vom Strunk befreien und in feine Streifen schneiden. Mit ¼ TL Salz bestreuen und verkneten. Spitzpaprika waschen, halbieren, entkernen und in feine Streifen schneiden, unter den Kohl mischen.

2 Essig mit Pfeffer, Paprikapulver, Kümmel und Öl verrühren. Kohlmischung damit anmachen. Petersilie abbrausen, trockenschütteln, Blätter abzupfen und grob hacken, unterheben.

tipp

Außerhalb der Saison (Frühling und Herbst) statt Spitzkohl Weißkohl oder Juromakohl verwenden.

2. stufe

frech die richtung ändern

Nun zeigen Sie drei Wochen
lang auch Ihrem Kopf
und Ihrem Gaumen,
dass man herrlich ohne
Knödel leben kann.
Über Blaubeer-Joghurt-
Shake, pikante
Mandelsuppe, Kalbs-
röllchen auf Tomaten-
Rucola-Salat, Thai-Curry
und Blitz-Bolognese
rümpft nur die Fettzelle die Nase.

Mit den Genen lässt sich's leben

Na? War doch gar nicht schlimm – oder? Mit Leichtigkeit betreten Sie die Stufe 2. Nun essen Sie drei Wochen lang genetisch richtig, so wie Ihr biologisches Programm es seit Millionen Jahren vorschreibt. Sie jagen Ihren Braten und pflücken sich Früchte der Natur. Das bedeutet übersetzt auf die heutige Zeit: Eiweiß (Geflügel, Fleisch, Fisch …) plus Obst, Gemüse, Nüsse und Samen. Wenn Sie viel abnehmen müssen, dann können Sie die Stufe 2 auch um zwei bis vier Wochen verlängern.

Zum Frühstück dürfen Sie wählen: Ein fruchtiger Eiweiß-Shake oder eine der Fit-in-den-Tag-Ideen ab Seite 60. Mittags und abends gibt es eine richtige Mahlzeit. Wer strenger bleiben will, nimmt zusätzlich zum Frühstück erstmal nur eine Mahlzeit täglich ein – und shaked sich die andere. Das tun Sie auch, wenn Sie keine Zeit zum Kochen haben. Wer mehr will, wer langfristig schlank bleiben will, der jagt seinen Braten – baut Ausdauer- und Muskeltraining in sein Leben ein. Wie das geht, steht in »Die neue Diät«.

die 2. stufe-regeln

1 Nun wird's locker: Ergänzen Sie Eiweiß aus Milchprodukten, Fisch, Fleisch, Eiern, Pilzen und Sojaprodukten sowie eine Portion Obst am Tag (200 bis 250 g). Keine Bananen oder Trauben – zu viel Zucker.

2 Lassen Sie Ihren fettabbauenden Enzymen Zeit. Essen Sie nichts zwischendurch. Halten Sie zwischen den Mahlzeiten immer eine Pause von vier bis fünf Stunden ein.

3 Trinken Sie viel, aber nichts, das Alkohol, Süßstoff oder Zucker enthält. Am besten stilles Wasser oder Tee.

4 Zum Frühstück gibt's einen der Metabolic-Power-Shakes ab Seite 54 – oder eine der Start- in-den-Tag-Ideen ab Seite 60.

5 Metabolic-Power pur: Trinken Sie täglich insgesamt drei Eiweiß-Shakes, anstatt des Essens (mit Obst, Seite 58) oder zum Essen (pur, Seite 41) – den letzten vor dem Schlafengehen.

6 Mittags und abends wählen Sie aus den Stufe-2-Rezepten aus, worauf Sie Lust haben: Fisch, Geflügel, Fleisch oder vegetarisch. Vieles lässt sich gut vorbereiten und mit ins Büro nehmen. Vorher: eine große Schüssel Salat essen! Tipp: Wer noch eine Zeit lang strenger weitermachen will, kocht sich nur einmal am Tag etwas. Und shaked dafür.

7 Für den kleinen Süßhunger nach dem Essen finden Sie ab Seite 92 zwölf leckere Dessert-Ideen. Bitte nicht zwischendurch naschen.

8 Brechen Sie Regeln, wenn Sie wollen: Wer Stufe 2 früher verlassen will, switcht nach ein bis zwei Wochen auf Stufe 3. Oder Sie bleiben länger!

metabolic-power-drinks

Unsere Eiweiß-Shakes sind schnell gemacht – und schmecken einfach herrlich. Sie ernten Vitalstoffe der Natur, füllen die leeren Eiweißtanks – und 70 Billionen Körperzellen jubeln. Metabolic-Power-Drinks bringen den Fettstoffwechsel auf Trab, beflügeln den Geist und schenken gute Laune.

cremig-mild

Avocado-Orangen-Drink

Für 1 Person

- 1/4 reife kleine Avocado (ohne Stein; ca. 50 g)
- 1 EL Limettensaft
- 100 ml Orangensaft
- 30 g Eiweißpulver
- 1/8 l Buttermilch
- 1 Bio-Orangenscheibe (nach Belieben)

1 Avocadofleisch mit einem Löffel aus der Schale heben, mit Limettensaft und Orangensaft im Mixer glatt pürieren.

2 Eiweißpulver und Kefir dazugeben, alles kurz und kräftig mixen. Drink in

ein großes Glas gießen. Orangenscheibe einschneiden und an den Rand stecken. Drink mit einem dicken Trinkhalm oder Löffel servieren.

tipp

Nach Belieben den Drink noch mit etwas abgeriebener Bio-Orangenschale aromatisieren.

anregend

Schoko-Cappuccino

Für 1 Person

- ¼ l Milch (1,5 %)
- 1 TL Kakaopulver
- 1 TL Instant-Espressopulver
- 30 g Eiweißpulver
- Kakaopulver zum Bestäuben

1. Hälfte der Milch mit dem Kakao- und Espressopulver in einem kleinen Topf unter Rühren erhitzen. Vom Herd nehmen und etwas abkühlen lassen.
2. Mokkamilch mit dem Eiweiß in einem hohen Glas verquirlen. Übrige Milch erwärmen und mit dem Schneebesen schaumig schlagen, auf den Drink geben. Nach Belieben mit Kakaopulver bestäuben.

sommerlich

Pfirsich-Joghurt-Drink

Für 1 Person

- 1 kleiner reifer Pfirsich
- 1 EL Limettensaft
- 50 g Joghurt
- 30 g Eiweißpulver
- 100 ml kohlensäurearmes Mineralwasser

1. Den Pfirsich überbrühen, abschrecken und häuten, das Fruchtfleisch in Spalten vom Stein schneiden. Eine Spalte zum Garnieren abnehmen, die übrigen in Würfel teilen.
2. Mit Limettensaft, Joghurt, Eiweißpulver und Mineralwasser in den Mixer geben und fein pürieren. Mischung in ein hohes Glas füllen. Pfirsichspalte einschneiden und an den Glasrand stecken. Drink mit einem dicken Trinkhalm servieren.

fruchtig-scharf

Grapefruit-Ingwer-Flip

Für 1 Person

- 1 rosa Grapefruit
- 30 g Eiweißpulver
- 50 ml Sojadrink
- 1 haselnussgroßes Stück Ingwer

1 Von der Grapefruit eine kleine Scheibe abschneiden und beiseitelegen. Die übrige Grapefruit so schälen, dass die weiße Haut vollständig entfernt wird. Filets zwischen den Trennhäuten herausschneiden, Saft auffangen. Übrige Trennwände auspressen.

2 Grapefruitfilets und -saft mit Eiweißpulver und Sojadrink in den Mixer geben. Ingwer schälen, fein würfeln und hinzufügen. Alles in 10 Sekunden fein pürieren. Den Drink in ein großes Glas gießen, Grapefruitscheibe einschneiden und an den Glasrand stecken.

Variante: Wer es weniger herb mag, kann den Drink auch mit einer Orange anstelle der Grapefruit zubereiten.

Putscht mit Vitamin C auf

Pflaumen-Acerola-Cocktail

Für 1 Person

- 1 blaue Pflaume (ca. 100 g)
- 1 EL Zitronensaft
- 2 EL Acerolasaft (Reformhaus)
- 150 ml Buttermilch
- 30 g Eiweißpulver
- 1 TL flüssiger Akazienhonig

1 Die Pflaume waschen, halbieren und entsteinen. Die Hälften bis auf 1 Spalte zum Garnieren klein schneiden, mit dem Zitronensaft, Acerolasaft und

der Hälfte der Buttermilch im Mixer fein pürieren.

2 Das Eiweißpulver, Honig und die übrige Buttermilch dazugeben, alles noch mal kräftig durchmixen. Drink in ein hohes Glas abgießen und den Drink mit einem Trinkhalm servieren.

erfrischend

Himbeer-Minze-Smoothie

Für 1 Person

- 50 g TK-Himbeeren
- 4–6 frische Minzeblätter
- 200 ml Buttermilch
- 30 g Eiweißpulver

1 Die Himbeeren 10 Minuten antauen lassen. Minzeblätter grob hacken.

2 Beeren mit Minze und Buttermilch in den Aufsatz des Mixers oder in eine hohe Rührschüssel geben. Alles im Mixer oder mit dem Schneidstab fein pürieren. Mischung in ein hohes Glas gießen, mit dem Eiweißpulver verrühren. Drink mit einem dicken Trinkhalm servieren. Nach Belieben mit einem Minzeblatt garnieren.

Variante: Im Sommer können Sie den Drink auch mit Erdbeeren, Blaubeeren oder Brombeeren, abwandeln.

Top-Mineralstoffquelle

Sauerkirsch-Macadamia-Milch

Für 1 Person

- 80 g entsteinte TK-Sauerkirschen
- 2 TL Macadamia-Nuss-Creme (Reformhaus)
- 150 ml Milch (1,5 %)
- 30 g Eiweißpulver
- 2–3 Eiswürfel

1 Die Kirschen 10 Minuten antauen lassen, dann mit Nusscreme und der Hälfte der Milch in den Mixer geben. Alles 15 Sekunden kräftig durchmixen.

2 Das Eiweißpulver und die restliche Milch dazugießen. Alles kurz und kräftig vermischen.

3 Die Eiswürfel zerstoßen, in ein hohes Glas geben und die Kirschmilch darübergießen. Den Drink mit einem dicken Trinkhalm servieren.

tipp für stufe 3

Im Sommer ist nicht nur gut, sondern besser Kirschen essen. Dann können Sie die sauren TK-Kirschen durch süße Kirschen ersetzen.

Lebenselixier

Basilikumshake mit Erdbeeren

Für 1 Person
- 100 g Erdbeeren
- 10 Basilikumblätter
- 1 TL Zitronensaft
- 150 ml Kefir
- 30 g Eiweißpulver
- Pfeffer aus der Mühle

1 Die Erdbeeren abbrausen, entstielen und eine Erdbeere zum Garnieren beiseitelegen. Übrige Erdbeeren grob zerteilen. Basilikumblätter abreiben und grob hacken. Beides mit Zitronensaft und der Hälfte des Kefirs in den Mixer geben und fein pürieren.

2 Das Eiweißpulver und den übrigen Kefir hinzufügen, leicht mit Pfeffer würzen. Das Ganze nochmals kurz und kräftig vermischen. Die beiseitegelegte Erdbeere einschneiden und an den Glasrand stecken. Den Drink nach Belieben mit einem Basilikumblatt garnieren.

tipp

Für einen kühlen Sommerdrink 2 Eiswürfel in ein hohes Glas geben. Die Mischung darüber verteilen.

Weckt die Lebensgeister

Apfel-Sanddorn-Mix

Für 1 Person
- 1 kleiner, säuerlicher Apfel (ca. 100 g)

- 1 EL Sanddornmark mit Honig
- 80 ml ungesüßter Apfelsaft
- 30 g Eiweißpulver
- $^1/_8$ l Kefir

1 Die Apfelhälfte vierteln, entkernen und schälen, 1 Spalte zum Garnieren abschneiden, die übrigen Stücke fein reiben. Mit dem Sanddornmark und Apfelsaft in den Mixer geben und fein pürieren.

2 Das Eiweißpulver und den Kefir dazugeben, alles nochmals kurz und kräftig durchmixen. Den Drink in ein hohes Becherglas gießen, mit der Apfelspalte garnieren und mit einem Trinkhalm servieren.

Variante: Der Drink schmeckt auch prima mit einer reifen Birne alternativ zum Apfel.

1 Die Blaubeeren kurz abbrausen, trockentupfen und verlesen, 5 Beeren abnehmen und beiseitelegen. Übrige Blaubeeren mit Kokosmilch und Limettensaft in den Mixer geben, in 15 Sekunden fein pürieren.

2 Eiweißpulver und Sojadrink hinzufügen, alles kurz und kräftig vermischen. Die Mischung in ein hohes Glas gießen. Beiseitegelegte Blaubeeren auf einen kleinen Spieß stecken, an den Glasrand klemmen. Mit einem dicken Trinkhalm servieren.

Variante: Zur Abwechslung die Blaubeeren gegen Erdbeeren oder Himbeeren tauschen. Und den Drink zusätzlich mit $^1/_4$ TL gemahlenem Ingwer oder fein abgeriebener Limettenschale aromatisieren – köstlich!

crossover

Blaubeer-Kokos-Shake

Für 1 Person

- 75 g Blaubeeren
- 50 ml ungesüßte Kokosmilch (Dose)
- 2 TL Limettensaft
- 30 g Eiweißpulver
- $^1/_8$ l Sojadrink

fit-in-den-tag-ideen

Auf Stufe zwei kriegt der Gaumen morgens schon Abwechslung. Mal früchtig süß wie Erdbeer-Dickmilch – und mal herzhaft wie Frühlingszwiebel-Frischkäse.

würzig-pikant

Frühlingszwiebel-Frischkäse

Für 1 Person

- 2 EL Kürbiskerne
- 150 g körniger Frischkäse
- Salz, Pfeffer
- 1 TL edelsüßes Paprikapulver
- 1 TL Leinöl
- 1 Frühlingszwiebel
- 2–3 kleine Strauchtomaten

1. Die Kürbiskerne in einer Pfanne ohne Fett anrösten, bis sie duften. Vom Herd nehmen und etwas abkühlen lassen.
2. Den Frischkäse mit Salz, Pfeffer, Paprikapulver und Leinöl verrühren. Die Frühlingszwiebel waschen, putzen, das Weiße und Hellgrüne in feine Scheiben schneiden, unter den Frischkäse heben.
3. Tomaten waschen, von den Stielansätzen befreien und in Scheiben schneiden. Auf einem Teller leicht überlappend anrichten, die Frischkäsecreme daraufgeben. Mit den Kürbiskernen bestreuen.

nussig-fruchtig

Forever-Young-Obstsalat mit Tofu-Creme

Für 1 Person

- 250 g Obst der Saison (davon 150 g gemischte Beeren plus z. B. Clementine, Apfel, Birne, Pfirsich)
- 1 EL Zitronensaft
- 120 g Seidentofu (Reformhaus)
- 2 EL Orangensaft
- 1 TL flüssiger Akazienhonig
- 1 EL gehackte Hasel- oder Walnüsse

1 Die Früchte kurz waschen und putzen oder schälen und in Würfel, Scheiben oder Spalten schneiden. In einer Schüssel mit dem Zitronensaft beträufeln.

2 Den Seidentofu mit dem Orangensaft und dem Honig mit dem Schneidstab schaumig aufmixen, über den Obstsalat geben. Mit den gehackten Nüssen bestreuen. Und genießen.

tipp

Wer mag, röstet die Nüsse noch in einer Pfanne an, bis sie duften.

beerenstark

Nussige Erdbeer-Dickmilch

Für 1 Person

- 125 g Erdbeeren
- 1 TL flüssiger Akazienhonig
- 150 g Dickmilch
- 75 g Heidelbeeren
- 2 EL gehackte Haselnüsse

1 Die Erdbeeren kurz abbrausen, putzen und in Scheiben schneiden. Die Hälfte davon mit einer Gabel zerdrücken, mit dem Honig unter die Dickmilch mischen.

2 Die Heidelbeeren abbrausen und verlesen. Mit den übrigen Erdbeerscheiben in einer Schale mischen. Erdbeer-Dickmilch darübergeben, mit den Nüssen bestreuen.

erfrischend leicht

Vanille-Joghurt mit Apfel

Für 1 Person

- 2 EL Sesam
- 150 g Joghurt
- ¼ TL Natur-Vanillepulver (Reformhaus)
- 1 TL flüssiger Akazienhonig
- 1 Apfel (ca. 120 g; z. B. Boskoop)
- 1 EL Zitronensaft

1 Den Sesam in einer Pfanne ohne Fett unter gelegentlichem Wenden goldbraun rösten, herausnehmen und abkühlen lassen.

2 Inzwischen den Joghurt mit Vanille und Honig verrühren, den Sesam bis auf 2 TL unterheben. Den Apfel gut waschen, vierteln und vom Kerngehäuse befreien. Viertel in kleine Würfel schneiden, mit dem Zitronensaft vermischen. Auf dem Sesam-Joghurt verteilen, mit dem übrigen Sesam bestreuen.

tipp

Für ein Dessert den Apfel mit 2 EL Wasser und 1 EL gehackter Minze 2–3 Minuten kochen lassen. Abgekühlt auf dem Joghurt verteilen.

zum Mitnehmen

Beeren-Ricotta mit Pistazien

Für 1 Person

- 125 g gemischte Beeren (z. B. Erdbeeren, Brombeeren, Johannisbeeren, Himbeeren)
- 1 TL flüssiger Akazienhonig
- 1 EL Orangensaft
- 100 g Ricotta

- 2 EL Milch (1,5 %)
- 1 EL + 1 TL ungesalzene, gehackte Pistazienkerne

1 Die Beeren kurz abbrausen, verlesen, Erdbeeren putzen und klein schneiden. Beeren mit dem Honig und Orangensaft beträufeln.

2 Den Ricotta mit der Milch und 1 EL Pistazien glatt rühren. Die marinierten Beeren daraufgeben. Die übrigen Pistazien über die Beeren streuen.

tipp

Tiefgefrorene Beeren schon am Vorabend marinieren und über Nacht im Kühlschrank auftauen lassen.

leicht scharf

Tofu-Erdnuss-Creme mit Avocado

Für 1 Person

- 120 g Seidentofu (Reformhaus)
- 2 EL Limettensaft
- 2 EL gehackte, ungesalzene Erdnüsse
- Salz, Cayennepfeffer
- ½ reife Avocado
- 1 Tomate
- 1 Handvoll Sprossen (z. B. Rettich-, Radieschen- oder Linsensprossen)

1 Den Seidentofu mit 1 EL Limettensaft und den Erdnüssen fein pürieren, mit Salz und Cayennepfeffer würzen.

2 Mit einem Löffel das Fruchtfleisch der Avocado aus der Schale heben und in dünne Spalten schneiden. Tomate waschen, vom Stielansatz befreien und ebenfalls in Spalten schneiden. Zusammen auf einem Teller anrichten und mit dem übrigen Limettensaft beträufeln. Die Tofucreme daraufgeben, mit den Sprossen bestreuen.

Variante: Die Avocado und Tomate mit dem Limettensaft und der Tofumasse glatt pürieren. In ein Glas füllen, mit den Sprossen bestreuen und als Smoothie löffeln.

fürs Sonntagsfrühstück

Schnittlauch-Rührei mit Champignons

Für 1 Person

- 2 Eier
- 2 EL Milch (1,5 %)
- Salz, Pfeffer
- 1 EL Schnittlauchröllchen
- 150 g Champignons
- 1 EL Zitronensaft
- 1 TL Olivenöl
- 1 Kopfsalatblatt

1. Die Eier mit Milch, Salz, Pfeffer und Schnittlauch verrühren. Champignons putzen, abreiben und feinblättrig schneiden, sofort mit dem Zitronensaft beträufeln.
2. Das Öl in einer beschichteten Pfanne erhitzen, die Pilze darin bei starker Hitze 4–5 Minuten braten, bis die Flüssigkeit verdampft ist. Herausnehmen, salzen und pfeffern. Die Eier in die Pfanne gießen und bei mittlerer Hitze in 3–4 Minuten zu einem Rührei braten. Sofort auf dem Salatblatt anrichten, die lauwarmen Pilze darüber verteilen.

Variante: Wer lieber Fleisch mag, kann statt der Pilze 50 g Putenbrustaufschnitt zu dem Rührei servieren.

sommerlich

Pfirsich-Quark mit Sonnenblumenkernen

Für 1 Person

- 1 reifer Pfirsich
- 125 g Magerquark
- 1 EL Zitronensaft
- 1 TL flüssiger Akazienhonig
- $1/4$ TL gemahlener Zimt
- 1 EL Sonnenblumenkerne
- 1 EL Leinsamen
- Zitronenmelisse (nach Belieben)

1. Pfirsich waschen, halbieren und den Stein entfernen. Die Hälften in feine

Scheiben schneiden und auf einem Teller fächerförmig auslegen.

2 Quark mit Zitronensaft, Honig und Zimt vermischen. Neben den Pfirsichspalten anrichten. Sonnenblumenkerne und Leinsamen fein hacken oder in einem Mörser zerstoßen und über dem Quark verteilen. Nach Belieben mit einigen Blättchen Zitronenmelisse garnieren.

für Fischliebhaber

Gurken-Lachs-Teller

Für 1 Person

- 1 Bio Minigurke (ca. 120 g)
- 80 g Räucherlachs (in dünne Scheiben geschnitten)
- 1 EL gehackter Dill
- schwarzer Pfeffer aus der Mühle
- 2 EL Frischkäse
- 1 EL Zitronensaft
- 2 TL Hefeflocken
- Salz

1 Die Gurke putzen, gründlich waschen und schräg in dünne Scheiben schneiden. Mit dem Räucherlachs dekorativ anrichten. Dill darüberstreuen und mit Pfeffer übermahlen.

2 Den Frischkäse mit Zitronensaft und Hefeflocken verrühren, mit Salz und Pfeffer würzen, dazu anrichten.

knackig-frisch

Kresse-Quark mit Radieschen

Für 1 Person

- 2 EL Pinienkerne
- 125 g Magerquark
- 2 EL Sojadrink
- 1–2 TL Zitronensaft
- Salz, Pfeffer
- 100 g Radieschen
- ½ Beet Kresse

1 Die Pinienkerne in einer Pfanne ohne Fett rösten, bis sie duften. Quark und Sojamilch mit Zitronensaft, Salz und Pfeffer glatt rühren.

2 Die Radieschen waschen, putzen und in dünne Scheiben schneiden, ⅔ davon zum Quark geben. Kresse vom Beet abschneiden, mit den übrigen Radieschen und Pinienkernen darüberstreuen.

tipp für stufe 3

Genießen Sie 1 kleine Scheibe Roggen-Sauerteigbrot (40 g) zum Kresse-Quark mit Radieschen.

leichte mahlzeiten

Unsere leichten Mahlzeiten schmecken mittags oder abends. Zu Hause oder im Büro – vom Spargel-Eiersalat über den Chili-Burger bis zum Matjes-Tatar.

frühlingsfrisch

Spargel-Eier-Salat mit Putenaufschnitt

Für 1 Person

- 200 g grüner Spargel
- Salz, Pfeffer
- 1 Ei
- 2 EL Joghurt
- 1 EL saure Sahne
- 1 TL Zitronensaft
- ½ TL mittelscharfer Senf
- 75 g Putenbrustaufschnitt
- 100 g Kirschtomaten
- ¼ Kästchen Kresse

1 Spargel putzen, waschen, nur im unteren Drittel schälen und schräg in 1–2 cm lange Stücke schneiden. In kochendem Salzwasser 5 Minuten kochen, dann abgießen, abschrecken und gut abtropfen lassen. Gleichzeitig das Ei in 10 Minuten hart kochen, abschrecken, pellen und in feine Würfel schneiden.

2 Joghurt mit saurer Sahne, Salz, Pfeffer, Zitronensaft und Senf verrühren. Putenbrustaufschnitt in feine Streifen schneiden. Tomaten waschen und vierteln. Beides mit dem Spargel und dem Ei unter das Dressing heben, nochmals mit Salz und Pfeffer abschmecken. Kresse abschneiden und obendrauf streuen.

tipp

Fürs Büro den Salat schon am Vorabend zubereiten und in eine gut schließende Kunststoffbox füllen. Vor dem Servieren die Kresse aufstreuen.

gut vorzubereiten

Pikante Mandelsuppe

Für 1 Person

- 30 g geschälte Mandelkerne
- 1 Knoblauchzehe
- 150 ml Gemüsebrühe
- 1 EL Olivenöl
- 150 ml Sojadrink
- 3 Stiele Petersilie
- 1 EL gehobelte Mandeln
- 1–2 TL Zitronensaft
- Salz, Pfeffer

1 Die Mandelkerne grob hacken. Knoblauchzehe schälen, hacken und zusammen mit den Mandeln, 5 EL Gemüsebrühe und Olivenöl im Mixer oder mit dem Schneidstab fein pürieren.

2 Übrige Brühe und Sojadrink aufkochen, Mandelmus einrühren und 10 Minuten bei milder Hitze kochen lassen. Inzwischen Petersilie waschen, trockenschütteln, abzupfen und fein hacken. Gehobelte Mandeln in einer Pfanne ohne Fett goldbraun rösten. Vom Herd nehmen und etwas abkühlen lassen.

3 Die Suppe mit dem Schneidstab schaumig aufschlagen, mit Zitronensaft, Salz und Pfeffer abschmecken. Auf einem Suppenteller anrichten, Mandeln und Petersilie aufstreuen. Warm oder kalt servieren.

tipp

Ungeschälte Mandelkerne kann man häuten: Mit kochendem Wasser übergießen, 5 Minuten stehen lassen, dann abgießen. Die Kerne aus der braunen Schale drücken.

zum Mitnehmen

Sellerie-Möhren-Rohkost mit Dickmilch

Für 1 Person

- 1 EL Sonnenblumenkerne
- 150 g Sellerie
- 1 mittelgroße Möhre (ca. 60 g)
- 2 EL Zitronensaft
- ½ TL Senf
- Salz, Pfeffer
- 1 EL Rapsöl
- 200 g Dickmilch
- 4 Stiele Petersilie

1 Die Sonnenblumenkerne in einer Pfanne ohne Fett goldbraun rösten. Vom Herd nehmen und abkühlen lassen.

2 Sellerie und Möhre putzen, schälen und auf der Gemüsereibe raspeln. 1 EL Zitronensaft mit Senf, Salz, Pfeffer und Öl verquirlen, rasch zum Gemüse geben und untermengen.

3 Die Dickmilch mit Salz, Pfeffer und übrigem Zitronensaft verrühren. Petersilie abbrausen, trockenschütteln, abzupfen und fein hacken, unterheben. Dickmilch in eine Glasschüssel füllen. Die Rohkost daraufgeben. Mit den Sonnenblumenkernen bestreuen.

tipp

Als Miniportion dekorativ in zwei Trinkgläser geschichtet, ist die Rohkost auch als Vorspeise oder Zwischengang geeignet.

tipp für stufe 3: ***Zur Rohkost-Dickmilch schmeckt 1 Scheibe Pumpernickel (40 g).***

griechisch inspiriert

Gurken-Schafskäse-Carpaccio

Für 1 Person

- 1 EL + 1 TL Olivenöl
- 1 Minigurke (ca. 150 g)
- 100 g Manouri oder eingelegter Schafkäse (Feta)
- 1 EL Zitronensaft
- ½ TL abgeriebene Schale einer Bio-Zitrone
- Salz, Pfeffer
- 4 Blätter Basilikum

1 Einen Teller mit 1 TL Olivenöl einpinseln. Die Gurke schälen und ebenso wie den Manouri- oder Fetakäse in dünne Scheiben schneiden. Gurken und Käse abwechselnd überlappend auf dem Teller auslegen.

2 Zitronensaft und -schale, 1 EL Wasser, Salz, Pfeffer und übriges Öl verrühren, über Gurken und Käse träufeln. Basilikumblätter abreiben, grob zerzupfen und obendrauf streuen.

Variante: Abwechslung gefällig? Dann tauschen Sie die Gurke gegen 4 kleine Strauchtomaten aus. Oder kombinieren Sie Gurke und Tomaten.

super Eiweißquelle

Austernpilze mit nussigen Mozzarellakugeln

Für 1 Person

- 200 g Austernpilze
- 1 EL Olivenöl
- 1 Knoblauchzehe
- Salz, Pfeffer
- 1 EL Aceto balsamico bianco (weißer Balsamessig)
- 20 g Macadamianüsse
- ½ TL edelsüßes Paprikapulver
- 80 g Mini-Mozzarellakugeln
- 3 Basilikumblätter

1 Austernpilze putzen und grob zerteilen. Öl in einer Pfanne erhitzen, Pilze darin 1–2 Minuten braten, Knoblauch schälen und dazupressen. Mit Salz, Pfeffer und Essig abschmecken, Pilze herausnehmen und auf einem Teller anrichten.

2 Nüsse fein hacken, mit dem Paprikapulver mischen. Mozzarellakugeln abtropfen lassen, in der Nussmischung wälzen und auf den Pilzen anrichten. Mit den grob gehackten Basilikumblättern garnieren.

fleischlos glücklich

Auberginenschnitzel mit Ajvar-Dip

Für 1 Person

- 1 kleine Aubergine (ca. 150 g)
- Salz, Pfeffer
- 1 Ei
- 2 EL Milch (1,5 %)
- 2 EL geriebener Parmesan
- 1 ½ EL Olivenöl
- 100 g Quark
- 1 EL Ajvar (Paprikapaste)
- 2 TL Zitronensaft
- 1 EL Schnittlauchröllchen

1 Aubergine putzen, waschen und längs in ½ cm dicke Scheiben schneiden, beidseitig salzen, 10 Minuten ziehen lassen.

2 Inzwischen das Ei mit Milch, Salz, Pfeffer und Parmesan verrühren. Das Öl in einer großen beschichteten Pfanne erhitzen. Auberginenscheiben trockentupfen, durch die Eiermilch ziehen, bei mittlerer Hitze von jeder Seite 2 Minuten goldbraun braten. Auf Küchenpapier kurz abtropfen lassen.

3 Gleichzeitig für den Dip Quark mit Ajvar und 1 EL Wasser cremig rühren, mit Zitronensaft, Salz und Pfeffer würzen. Zu den warmen oder kalten Auberginenschnitzeln servieren, Schnittlauch daraufstreuen.

tipp

Ob scharfer oder milder Ajvar – Sie haben die Wahl. Die Paprikapaste ist in zwei Würzvarianten erhältlich.

tipp für stufe 3: ***2 Scheiben Vollkornbaguette (40 g) dazu servieren.***

fürs Büro

Gefüllte Tomate mit Ricotta

Für 1 Person

- 1 Fleischtomate (ca. 250 g)
- 1 EL Pinienkerne
- 6 Blätter Basilikum
- 80 g Ricotta
- 2 EL geriebener Parmesan
- 2 TL kleine Kapern
- 1 EL Olivenöl
- Salz, Pfeffer

1 Tomate waschen, vom Stielansatz befreien, einen flachen Deckel abschneiden und mit einem Löffel entkernen. Umgedreht auf Küchenpapier abtropfen lassen. Pinienkerne in einer Pfanne ohne Fett rösten, vom Herd nehmen und etwas abkühlen lassen. Basilikum abreiben und in feine Streifen schneiden.

2 Ricotta mit Parmesan, Pinienkernen, 5 Blättern Basilikum, Kapern und Olivenöl vermischen, salzen und pfeffern. Tomate mit Ricottacreme befüllen. Mit dem übrigen Basilikumblatt garnieren. Tomatendeckel daraufsetzen.

tipp

Tomate am Vorabend füllen, fest in Klarsichtfolie gewickelt kalt stellen.

ratzfatz fertig

Asia-Salat mit Hähnchen

Für 1 Person

- 100 g Hähnchenbrustfilet
- 1 EL Erdnussöl
- 200 g Mungobohnensprossen
- Salz, Pfeffer
- 1 EL Reis- oder Obstessig
- 2 TL Chilisauce
- 1 TL Sesamöl
- 1 Mini-Römersalat

1 Hähnchenfilet abbrausen, trockentupfen und in kleine Würfel schneiden. In einer beschichteten Pfanne das Öl stark erhitzen, Fleisch darin unter Wenden in 3 Minuten anbraten. Sprossen dazugeben und weitere 2–3 Minuten mitbraten. Mit Salz und Pfeffer würzen, vom Herd nehmen, abkühlen lassen.

2 Essig, 1 EL Wasser, Chilisauce, Salz und Sesamöl verrühren, Hähnchenmischung darin wenden. Römersalat putzen, waschen, trockenschütteln und die Blätter auf einem Teller auslegen. Hähnchenmischung daraufgeben.

tipp

Etwas Koriandergrün sorgt für eine betont asiatische Note.

mediterran

Marinierter Ziegenkäse

Für 1 Person

- 2 Ziegenkäsetaler (à ca. 40 g)
- 1 EL Zitronensaft
- Salz, Pfeffer
- ½ TL gehackter Rosmarin
- 1 EL Olivenöl
- 150 g Kirschtomaten

1 Käsetaler in eine flache Schale legen. Zitronensaft, 1 EL Wasser, Salz, Pfeffer, Rosmarin und Öl zu einer Marinade verrühren, über den Käse träufeln. Diesen mit Folie abdecken und 1–2 Stunden oder über Nacht im Kühlschrank durchziehen lassen.

2 Am nächsten Tag die Kirschtomaten waschen, abtrocknen, halbieren und zum marinierten Ziegenkäse servieren.

sommerlich

Thunfisch-Spieße auf Salat

Für 1 Person

- 150 g Thunfischfilet
- ½ gelbe Paprikaschote
- Salz, Pfeffer
- 1 EL + 1 TL Olivenöl
- 1 EL Aceto balsamico
- ½ TL Senf
- 100 g gemischte Blattsalate (z. B. Radicchio, Frisée, Feldsalat)
- 1 EL Zitronensaft

1 Thunfischfilet waschen und trockentupfen, in 2 cm große Würfel schneiden. Paprikaschote putzen, waschen und in ebenso große Stücke schneiden. Beides abwechselnd auf zwei Saté- oder Holzspieße stecken, rundum salzen und

pfeffern. Eine Grillpfanne mit 1 TL Olivenöl einstreichen, stark erhitzen. Thunfischspieße darin von allen Seiten in 6–8 Minuten braun braten.

2 Inzwischen für die Marinade Aceto balsamico, 2 EL Wasser, Senf, Salz, Pfeffer und übriges Olivenöl verrühren. Salate waschen, trockenschütteln, putzen und in mundgerechte Stücke zupfen. Auf einem Teller anrichten, mit der Marinade beträufeln. Die Spieße darauflegen und mit Zitronensaft beträufeln.

asiatisch

Brokkoli-Curry-Suppe mit Garnelen

Für 1 Person

- 150 g Brokkoli
- 1 Knoblauchzehe
- 2 TL Rapsöl
- 1–2 TL scharfes Currypulver
- 200 ml Gemüsebrühe
- 75 ml ungesüßte Kokosmilch (Dose)
- Salz, Pfeffer
- 80 g küchenfertige Garnelen (Kühlregal)
- 1 EL Sesam

1 Brokkoli waschen, putzen und in Röschen teilen, Stiele schälen und in kleine Würfel schneiden. Knoblauch abziehen und fein hacken.

2 Öl erhitzen, Brokkoli und Knoblauch darin 2–3 Minuten andünsten. Mit Curry bestäuben und kurz anschwitzen. Mit der Brühe und Kokosmilch aufgießen. Aufkochen und bei milder Hitze 7 Minuten kochen lassen, salzen und pfeffern.

3 Garnelen abbrausen, trockentupfen und in dem Sesam wenden. Suppe in einer Schüssel anrichten, Sesamgarnelen daraufgeben.

Variante: Auch Romanesco oder Blumenkohl eignen sich als Grundlage für die Suppe.

tipp für stufe 3

Als Luxus-Kohlenhydrat-Einlage 20 g Parboiled-Naturreis (Rohgewicht) separat kochen und abgetropft in die Suppe geben.

auch für Gäste

Räucherlachs mit Ricotta und Spinat

Für 1 Person

- 100 g Blattspinat
- 50 g Räucherlachs (dünne Scheiben)
- 60 g Ricotta
- Salz, Pfeffer
- 1 TL Aceto balsamico
- 1 TL Olivenöl
- 1 Frühlingszwiebel
- 1 kleine rote Chilischote
- 1 TL Zitronensaft

1 Spinat gut waschen, verlesen und die harten Stängel abknipsen, Spinat in kochendem Salzwasser 1–2 Minuten blanchieren, abgießen, abschrecken, auspressen und hacken. Mit Salz, Pfeffer, Aceto balsamico und Olivenöl würzen. Frühlingszwiebel putzen, waschen, das Weiße und Hellgrüne in kleine Würfel schneiden. Chilischote putzen, entkernen und winzig klein würfeln.

2 Ricotta mit der Frühlingszwiebel und der Chili vermischen. Mit Salz, Pfeffer und Zitronensaft würzen. Ricotta-Dip mit den Lachsscheiben und dem Spinat anrichten.

Variante: Für eine dezentscharfe Mischung den Spinat durch Rucola ersetzen.

tipp für stufe 3

Dazu schmeckt 1 Scheibe Roggen-Vollkornbrot (40 g).

zum Mitnehmen

Tomaten-Kaltschale mit Forelle

Für 1 Person

- 1 Schalotte
- 2 Strauchtomaten (ca. 150 g)

- 1 kleine Stange Staudensellerie
- 1 EL Olivenöl
- 2 TL Tomatenmark
- 1/4 l Gemüsebrühe
- Salz, Pfeffer
- Cayennepfeffer
- 80 g geräuchertes Forellenfilet
- 1/4 Bund Dill

1 Schalotte abziehen und würfeln. Tomaten waschen und grob zerschneiden. Sellerie waschen, putzen und in kleine Würfel schneiden.

2 Öl in einem Topf erhitzen, Schalotte, Sellerie und Tomaten darin 2–3 Minuten andünsten. Tomatenmark dazugeben, kurz anschwitzen. Mit der Brühe auffüllen, aufkochen und 15 Minuten offen bei kleiner Hitze kochen lassen.

3 Die Suppe fein pürieren, mit Salz, Pfeffer und Cayennepfeffer würzen. 2 Stunden abkühlen lassen.

4 Forellenfilet in mundgerechte Stücke schneiden. Dill abbrausen, abzupfen und hacken. Suppe in einem tiefen Teller anrichten. Forelle und Dill daraufgeben.

tipp

Alternative für Veggie-Fans:
80 g Ricotta mit zwei nassen Teelöffeln als Nocken abstechen und als Einlage in die Suppe geben. Dafür die Forelle weglassen.

auch fürs Picknick

Chiliburger mit Paprika-Dip

Für 1 Person

- 150 g Putenschnitzel
- 2 EL Mineralwasser
- Salz, Pfeffer
- 1/2 TL Chiliflocken
- 1 rote Spitzpaprika
- 1 Minigurke
- 125 g Quark
- 2 EL Milch (1,5 %)
- 1 EL Schnittlauchröllchen
- 1 TL Öl

1 Das Schnitzel waschen, abtrocknen und in sehr kleine Würfel schneiden oder im Mixer fein hacken. Mit Mineralwasser, Salz, Pfeffer und Chiliflocken verkneten. Aus dem Teig 2 kleine Burger formen.

2 Für den Dip die Spitzpaprika putzen, entkernen und in kleine Würfel schneiden. Gurke schälen, längs halbieren und ebenfalls klein würfeln. Quark und Milch cremig rühren, salzen und pfeffern. Paprika- und Gurkenwürfel unterheben, mit dem Schnittlauch bestreuen.

3 Eine kleine beschichtete Pfanne mit dem Öl einpinseln und stark erhitzen. Die Burger darin von jeder Seite 2–3 Minuten braten. Mit dem Dip servieren.

würzig

Matjestatar mit Zucchini

Für 1 Person

- 2 Matjesfilets (à ca. 50 g)
- 1 junger Zucchino (ca. 125 g)
- 1 Frühlingszwiebel
- 3 Stiele Dill
- 1 EL Obstessig
- ½ TL mittelscharfer Senf
- 1 TL kleine Kapern
- Salz, Pfeffer
- 1 EL Rapsöl

1 Matjesfilets in kleine Würfel schneiden. Zucchino putzen und waschen, ⅓ davon in dünne Scheiben hobeln oder schneiden, den Rest klein würfeln. Frühlingszwiebel putzen, waschen, das Hellgrüne in feine Ringe schneiden, das Weiße würfeln. Dill abbrausen, trockenschütteln, abzupfen und fein hacken.

2 Essig mit Senf, Kapern, Salz, Pfeffer und Öl verquirlen. Matjes, Zucchiniwürfel, Frühlingszwiebel und Dill untermischen, mit wenig Salz und Pfeffer würzen. Zucchinischeiben kranzförmig auf einem Teller auslegen, salzen. Die Matjesmischung darauf anrichten. Nach Belieben mit etwas Dill garnieren.

tipp

Zum Mitnehmen das Matjestatar am Vorabend zubereiten. Dill erst am Arbeitsplatz hacken und unterheben.

tipp für stufe 3: ***Die ideale Luxusbeilage dazu ist 1 Scheibe Pumpernickel (40 g).***

italienisch

Kalbsröllchen auf Tomaten-Rucola-Salat

Für 1 Person

- 1 Kalbsschnitzel (ca. 120 g)
- 1 TL Pesto
- Salz, Pfeffer
- 1 EL Olivenöl
- 80 ml Hühnerfond (Glas) oder -brühe
- 50 g Rucola
- 3–4 kleine Strauchtomaten (ca. 130 g)
- 2 TL Rotweinessig
- 2 kleine Holzspieße

1 Schnitzel waschen, trockentupfen, flach streichen und quer halbieren. Hälften mit je ½ TL Pesto bestreichen, aufrollen und mit kleinen Holzspießen feststecken. Salzen und pfeffern.

2 Öl in einer Pfanne erhitzen, Kalbsröllchen darin in 3 Minuten rundherum hellbraun anbraten. Fond oder Brühe dazugießen, Fleisch zugedeckt bei milder Hitze 10 Minuten schmoren.

3 Inzwischen Rucola waschen, trockenschütteln, grobe Stiele abknipsen, Blätter grob hacken. Tomaten waschen, in Scheiben schneiden. Beides auf einem Teller anrichten. Holzspieße entfernen, Röllchen schräg in 2 cm dicke Scheiben schneiden, auf dem Salat anrichten. Schmorsud mit dem Essig verrühren, über den Salat träufeln.

tipp

Ein kleiner Imbiss, der auch Gäste begeistern wird. Einfach die Mengen entsprechend der Personenzahl erhöhen. tipp für stufe 3: Pro Person 2 Scheibchen Vollkornbaguette (40 g) dazu reichen.

hauptmahlzeiten

So schnell gemacht – und soooooooo gut! Hier vermisst keiner die Kartoffeln im Zucchini-Tomaten-Feta-Gratin oder den Reis im Thai-Curry. Wetten dass ...?

mediterran

Zucchini-Tomaten-Gratin mit Feta

Für 1 Person

- 1 mittelgroßer Zucchino (ca. 200 g)
- 1 EL Zitronensaft
- Salz, Pfeffer
- 1 EL gehackte Petersilie
- ½ TL Kräuter der Provence
- 1 ½ EL Olivenöl
- 1 kleine Knoblauchzehe
- 5–6 Kirschtomaten
- 1 EL Pinienkerne
- 75 g Feta

1 Backofen auf 200° (Umluft 180°) vorheizen. Zucchino putzen, waschen und in 4–5 cm lange, kräftige Stifte schneiden. Zitronensaft, Salz, Pfeffer, Petersilie und Kräuter der Provence mit 1 EL Olivenöl verquirlen. Knoblauch abziehen und dazupressen. Zucchinistifte samt Marinade in eine kleine Gratinform geben und darin wenden.

2 Tomaten waschen, halbieren und dazugeben. Pinienkerne und grob zerbröselten Feta daraufstreuen. Mit dem übrigen

Öl beträufeln. Im heißen Ofen (2. Schiene von unten) 15 Minuten überbacken.
Variante: Das Gratin schmeckt auch fein mit Ziegenfrischkäse statt mit Feta.

ost-westliche Liaison

Tofu-Mangold-Päckchen mit Chili-Dip

Für 1 Person

- 3 große Mangoldblätter (ca. 150 g)
- Salz, Pfeffer
- 2 dünne Frühlingszwiebeln
- 1 EL Rapsöl
- 1 ½ EL Sojasauce
- 1 TL Sesamöl
- 120 g Tofu
- 3 EL Joghurt
- 1 TL Zitronensaft
- ½ TL Sambal oelek

1 Mangoldblätter putzen, die Stiele abschneiden und in kleine Würfel schneiden. Blätter in Salzwasser 1 Minuten blanchieren, abschrecken und abtropfen lassen. Frühlingszwiebeln waschen, putzen, das Weiße und Hellgrüne in dünne Ringe schneiden.

2 Das Öl in einer kleinen Pfanne erhitzen, Frühlingszwiebeln und Mangoldstiele darin 2 Minuten dünsten, mit 1 EL Sojasauce, Sesamöl, Salz und Pfeffer würzen. Mischung auf die Mangoldblätter verteilen. Tofu in 3 Stücke schneiden und daraufsetzen, mit der übrigen Sojasauce beträufeln. Mangoldblätter über dem Tofu einschlagen, sodass 3 Päckchen entstehen. Diese auf einen Dämpfeinsatz legen und über einer Handbreit kochendem Salzwasser bei milder Hitze 10 Minuten dämpfen.

3 Inzwischen Joghurt mit Zitronensaft, Salz und Sambal oelek verrühren, zu den Mangoldpäckchen servieren.

tipp

Als Hüllblätter zum Einwickeln kann man auch Chinakohl oder Spitzkohl verwenden. Dafür die dicken Mittelrippen nach dem Blanchieren keilförmig herausschneiden.

sommerlich

Pfannen-Gemüse mit Mozzarella

Für 1 Person

- 150 g Aubergine
- Salz
- 1 kleine gelbe Paprikaschote
- 1 mittelgroße Tomate
- 1 kleine Zwiebel
- 1 kleine Knoblauchzehe
- 1 EL Olivenöl
- Pfeffer
- 1 Zweig Thymian
- 80 g Mozzarella
- Paprikapulver zum Bestäuben

1 Aubergine waschen, putzen und in dünne Scheiben schneiden. Mit Salz bestreuen und 10 Minuten ziehen lassen. Inzwischen die Paprikaschote halbieren, putzen, entkernen und in 1 cm breite Streifen schneiden. Tomate waschen, halbieren und in Scheiben teilen. Zwiebel und Knoblauch pellen und fein würfeln.

2 Auberginenscheiben mit Küchenpapier trockentupfen. Öl in einer Pfanne erhitzen, Zwiebel, Paprika und Aubergine darin 3 Minuten dünsten. Knoblauch hinzufügen, kurz mitdünsten. Mit Salz, Pfeffer und Thymian würzen. 4–5 EL Wasser dazugießen, zugedeckt 5 Minuten bei milder Hitze schmoren.

3 Mozzarella in Scheiben schneiden. Tomaten unterheben, Gemüse noch einmal abschmecken. Mit dem Mozzarella belegen, diese zugedeckt in 5 Minuten schmelzen lassen. Käse mit Paprikapulver bestäuben.

tipp

Statt mit Mozzarella können Sie das Gemüse auch mit einem Spiegelei servieren.

asiatisch

Spargel-Tofu-Wok

Für 1 Person

- 120 g Tofu (Reformhaus)
- 2 EL Sojasauce
- 2 TL Chilisauce
- 200 g weißer Spargel
- 50 g Zuckerschoten
- 1 Frühlingszwiebel
- 1 EL Öl
- 5 EL Gemüsebrühe
- 4 Stiele Koriandergrün (ersatzweise Petersilie)

1 Den Tofu in 2 cm große Würfel schneiden, mit 1 EL Sojasauce und der Chilisauce marinieren. Inzwischen den Spargel schälen, Enden abschneiden, Stangen schräg in ½ cm dünne Scheiben schneiden, Köpfe längs halbieren. Zuckerschoten waschen, schräg halbieren. Frühlingszwiebel putzen, waschen, das Weiße und Hellgrüne schräg in Scheiben schneiden.

2 Erst den Wok, dann darin ½ EL Öl erhitzen. Marinade vom Tofu abstreifen, Tofu im heißen Öl in 2–3 Minuten goldbraun braten, herausnehmen. Übriges Öl im Wok erhitzen, Spargel 3 Minuten unter Rühren braten, Zuckerschoten und Zwiebel dazugeben und 2–3 Minuten mitbraten.

3 Tofumarinade, Brühe und übrige Sojasauce dazugießen, einmal aufkochen lassen. Tofu und abgezupften Korianderblätter auf das Gemüse streuen.

tipp

Für eine betont asiatische Note mit dem Gemüse noch 1 haselnussgroßes Stück fein gewürfelten Ingwer braten.

tipp für Stufe 3: ***Luxuskohlenhydrate können 30 g (Rohgewicht) gekochter Naturreis sein.***

fix gemacht

Spinat-Omelett mit Frischkäse

Für 1 Person

- 100 g zarter Blattspinat (oder aufgetauter TK-Spinat)
- 1 Schalotte
- 2 Eier
- 2 EL Milch (1,5 %)
- Salz, Pfeffer
- 2 TL Olivenöl
- frisch geriebene Muskatnuss
- 80 g körniger Frischkäse

1 Spinat waschen, abtropfen lassen, verlesen und grob hacken. Schalotte abziehen und fein würfeln. Eier mit Milch, Salz und Pfeffer verschlagen.

2 Öl in einer kleinen beschichteten Pfanne erhitzen, Schalotte darin glasig dünsten. Spinat dazugeben, zugedeckt bei mittlerer Hitze 1–2 Minuten mitdünsten, bis er zusammengefallen ist. Mit Salz, Pfeffer und Muskat würzen. Hälfte des Spinats herausnehmen. Eiermilch über den Spinat in der Pfanne geben und bei mittlerer Hitze in 3 Minuten zu einem Omelett stocken lassen.

3 Den beiseitegelegten Spinat ausdrücken, mit dem Frischkäse vermischen. Omelett damit belegen, zusammenklappen und noch 1 Minute braten.

Variante: Zur Abwechslung können Sie den Spinat durch feinblättrig geschnittene Champignons ersetzen.

tipp für stufe 3

Lassen Sie sich 1 Scheibe Pumpernickel (40 g) zum Omelett schmecken.

Top-eiweißquelle

Wachsweiche Eier mit Lauch-Püree

Für 1 Person

- 1 Petersilienwurzel (ca. 80 g)
- 1 Stange Lauch (ca. 200 g)
- Salz, Pfeffer
- 2 Eier
- 1 EL Schmand
- frisch geriebene Muskatnuss
- 2 TL Rapsöl
- 1 EL Schnittlauchröllchen

1 Die Petersilienwurzel putzen, schälen und in kleine Würfel schneiden. Lauch putzen, längs aufschlitzen, waschen und in feine Ringe schneiden. Zusammen in kochendes Salzwasser geben und zugedeckt bei mittlerer Hitze 10 Minuten kochen.

2 Inzwischen die Eier in kochendem Wasser in 7–8 Minuten wachsweich kochen.

3 Gemüse abgießen, mit dem Schmand im Mixer oder mit dem Pürierstab zerkleinern. Püree mit Salz, Pfeffer und Muskat abschmecken, auf einem vorgewärmten Teller anrichten und mit dem Rapsöl beträufeln. Eier abschrecken, pellen, halbieren und mit dem Püree anrichten. Schnittlauch daraufstreuen.

Klassiker neu kombiniert

Mini-Blumenkohl mit Blitz-Bolognese

Für 1 Person

- 1 kleine Zwiebel
- 1 kleine Knoblauchzehe
- 1 EL Olivenöl
- 120 g Tatar
- 200 g stückige Tomaten (Dose)
- Salz, Pfeffer
- 1 Mini-Blumenkohl oder ¼ Blumenkohl (ca. 250 g)
- 1 EL Schnittlauchröllchen

1 Zwiebel und Knoblauchzehe schälen und fein würfeln. Öl in einer Pfanne erhitzen, Tatar darin unter Wenden in 5 Minuten braun anbraten. Zwiebel und Knoblauch dazugeben, kurz mitdünsten. Tomaten und 4 EL Wasser einrühren, salzen und pfeffern und offen bei milder Hitze 10–12 Minuten kochen lassen.

2 Inzwischen den Blumenkohl putzen, waschen und abtropfen lassen. Als ganzen Kopf oder Stück in einen Topf mit Siebeinsatz legen und über einer Handbreit kochendem Salzwasser zugedeckt 10–15 Minuten dämpfen.

3 Bolognese nochmal mit Salz und Pfeffer abschmecken, zu dem Blumenkohl servieren. Mit Schnittlauch bestreuen.

scharf

Thai-Curry mit Bohnen und Hähnchen

Für 1 Person

- 150 g grüne TK-Bohnen
- 2 Frühlingszwiebeln
- 1 rote Pfefferschote
- 75 ml ungesüßte Kokosmilch (Dose)
- 1–2 TL grüne Currypaste (Asiaregal)
- 100 g Hähnchenbrustfilet
- 1 EL helle Sojasauce
- Salz, Pfeffer
- 1–2 Zweige Basilikum

1 Die Bohnen aus der Packung nehmen und 5 Minuten antauen lassen, dann halbieren. Frühlingszwiebeln waschen, putzen und in feine Ringe schneiden. Pfefferschote waschen, putzen, entkernen und winzig klein würfeln.

2 Kokosmilch, 2–3 EL Wasser und Currypaste in einem Topf verrühren, aufkochen lassen. Bohnen dazugeben und zugedeckt bei mittlerer Hitze 5 Minuten garen.

3 Inzwischen das Fleisch waschen, trockentupfen und in kleine Würfel schneiden. Mit Frühlingszwiebeln und Pfefferschote in das Curry geben, weitere 5 Minuten bei milder Hitze kochen. Das Ganze mit Sojasauce, Salz und Pfeffer abschmecken. Basilikumblätter abzupfen, in feine Streifen schneiden und über den Eintopf streuen.

tipp

Vegetarier? Dann ersetzen Sie das Putenfleisch durch Tofu!

nussig & knackig

Pangasiusfilet mit gerösteten Erdnüssen

Für 1 Person

- 150 g Pangasiusfilet
- Salz, Pfeffer
- 1 EL Limettensaft
- 200 g Rettich
- 6 Radieschen
- 2 Kopfsalatblätter
- 1 EL Obstessig
- 1 EL helle Sojasauce
- 1 ½ EL Erdnussöl
- 2 EL gehackte Erdnüsse

1 Das Fischfilet nur kurz waschen, gut trockentupfen, dann mit Salz, Pfeffer und Limettensaft würzen. Den Rettich schälen, die Radieschen waschen und putzen, und beides grob raspeln. Salat waschen, trockenschütteln und in 1 cm breite Streifen schneiden. Rettich, Radieschen und Salat mischen, mit Salz, Pfeffer, Essig, Sojasauce und 1 EL Öl anmachen.

2 In einer beschichteten Pfanne ½ EL Öl erhitzen, die Erdnüsse darin kurz anrösten. Fisch trockentupfen, auf die Nüsse in der Pfanne legen, von beiden Seiten 4–5 Minuten braten, zwischendurch vorsichtig wenden.

3 Rohkostsalat auf einem Teller anrichten, Fisch danebenlegen, mit den Erdnüssen bestreuen.

tipp

Mögen Sie keine Erdnüsse? Dann tauschen Sie sie gegen Walnüsse, Cashewkerne oder ungesalzene Macadamianüsse aus.

würzig

Lachs auf Paprika-Pilz-Gemüse

Für 1 Person

- 150 g Lachsfilet ohne Haut
- Salz, Pfeffer
- 1 EL Zitronensaft
- 1 orange oder gelbe Paprikaschote
- 1 kleine Zwiebel
- 1 Knoblauchzehe
- 1 EL Olivenöl
- 75 ml Gemüsefond (Glas)
- 1 TL getrockneter Thymian
- 100 g Egerlinge oder Champignons
- 2–3 Blätter Basilikum

1 Das Lachsfilet abbrausen, trockentupfen, auf beiden Seiten mit Salz, Pfeffer und Zitronensaft würzen. Paprikaschote waschen, putzen und in 2 cm große Stücke schneiden. Zwiebel abziehen und in feine Streifen schneiden. Knoblauch schälen und hacken.

2 ½ EL Öl erhitzen, Zwiebel und Knoblauch darin 2–3 Minuten dünsten. Paprika dazugeben und 2 Minuten mitdünsten. Mit dem Fond auffüllen, mit Salz, Pfeffer und Thymian würzen. Lachsfilet auf das Gemüse legen. Zugedeckt 8–10 Minuten dünsten.

3 Inzwischen die Pilze putzen, abreiben und in feine Scheiben schneiden. Übriges Öl in einer Pfanne erhitzen, Pilze darin bei starker Hitze 3–4 Minuten braten, dabei salzen und pfeffern. Fisch und Gemüse anrichten, Pilze darüberstreuen. Mit Basilikum garnieren.

tipp

Frische Shiitakepilze im Angebot? Dann greifen Sie zu! Damit wird das Gericht noch aromatischer.

tipp für Stufe 3: ***Als Beilage passt 30 g (Rohgewicht) gekochter Parboiled-Naturreis.***

aromatisch

Kräuter-Fisch aus der Folie

Für 1 Person

- 1 Rotbarschfilet (ca. 150 g)
- 2 TL Zitronensaft
- 3 Stiele Petersilie
- 3 Basilikumblätter
- ½ TL Thymian, Salz, Pfeffer
- 200 g Spitzkohl
- 1 rote Spitzpaprika
- 75 ml Gemüsebrühe
- 1 Bratfolienschlauch

1 Fischfilet abbrausen, trockentupfen und beidseitig mit Salz, Pfeffer und Zitronensaft würzen. Petersilie abbrausen, trockenschütteln und mit dem Basilikum hacken, mit dem Thymian mischen und auf den Fisch streuen.

2 Backofen auf 200° (Umluft 180°) vorheizen. Spitzkohl waschen, putzen und in 1–2 cm breite Streifen schneiden. Spitzpaprika waschen, halbieren, putzen und in feine Halbringe schneiden. Gemüse mischen, salzen und pfeffern, mit dem Kräuter-Fisch in einen Bratschlauch geben, Brühe dazugießen. Bratschlauch nach Packungsanweisung verschließen, eine nach oben stehende Ecke abschneiden. Folienpaket auf den kalten Rost legen und den Fisch im heißen Backofen (2. Schiene von unten) 20 Minuten dünsten. Vor dem Servieren die Folie aufschneiden. Gemüse und Fisch samt Sud auf einem Teller anrichten.

tipp

Statt des Fischfilets kann man auch 1 Forelle (350 g) in der Folie dünsten. Die Garzeit verlängert sich um 5–10 Minuten.

dezent scharf

Gegrilltes Hähnchenfilet mit Avocadosalat

Für 1 Person

- 1 Hähnchenbrustfilet (ca. 150 g)
- 1 EL Limettensaft
- Salz, Pfeffer
- 1 EL + 2 TL Olivenöl
- 1 EL Weißweinessig
- Tabasco
- ½ reife Avocado
- 1 kleine rote Zwiebel
- 2 Tomaten
- 50 g Feldsalat

1 Das Hähnchenfilet waschen, trockentupfen und mit einer Marinade aus Limettensaft, Pfeffer und 1 TL Olivenöl bestreichen.

2 Essig, 1 EL Wasser, Salz, Pfeffer, Tabasco und 1 EL Öl verrühren. Avocadofleisch aus der Schale heben, in dünne Spalten schneiden. Zwiebel abziehen und in Streifen schneiden. Tomaten waschen, halbieren und in Scheiben teilen. Feldsalat gründlich waschen, trockenschleudern, verlesen und mundgerecht zerpflücken. Salatzutaten auf einem Teller anrichten, mit dem Dressing beträufeln.

3 Inzwischen eine Grillpfanne erhitzen, 1 TL Öl darin verstreichen. Fleisch aus der Marinade nehmen, auf jeder Seite 6–7 Minuten grillen, dann salzen. Das Hähnchenfilet mit dem Avocadosalat auf einem Teller anrichten.

tipp

Hähnchenfilet abkühlen lassen, in Streifen schneiden und auf den Salat streuen – so kann der Salat auch mal eine leichte Mahlzeit ersetzen.

tipp für Stufe 3: ***Eine würzige Scheibe Roggen-Sauerteigbrot (40 g) ergänzt das Geflügelgericht perfekt.***

würzig

Seelachs mit Sellerie-Kruste

Für 1 Person

- 150 g Seelachsfilet
- Salz, Pfeffer
- 1 EL Zitronensaft
- 100 g Knollensellerie
- 2 Stiele Majoran
- 2 EL geriebener Bergkäse
- 4 kleine Strauchtomaten
- 1 EL Öl
- Öl für die Form

1 Den Backofen auf 180° (Umluft 160°) vorheizen. Fischfilet waschen, trockentupfen, beidseitig mit Salz, Pfeffer und Zitronensaft würzen.

2 Den Sellerie putzen, schälen und fein raspeln. Majoran abbrausen, Blättchen abzupfen und hacken, mit dem Käse unter den Sellerie mischen, salzen und pfeffern.

3 Eine kleine Gratinform einfetten, das Fischfilet hineinlegen. Die Selleriemischung darauf verteilen. Tomaten waschen, von den Stielansätzen befreien und vierteln, neben dem Fisch in die Form legen. Mit Salz und Pfeffer würzen und mit dem Öl beträufeln. Im Ofen (Mitte) 20 Minuten überbacken.

frühlingsleicht

Pute mit Petersilien-Kohlrabi

Für 1 Person

- 1 Putenschnitzel (ca. 150 g)
- 4 Salbeiblätter
- 1 mittelgroßer Kohlrabi
- 1 Schalotte
- 1 EL + 1 TL Rapsöl
- Salz
- Pfeffer
- 4 Stiele Petersilie
- 1 EL saure Sahne
- 4 Holzstäbchen

1 Das Putenschnitzel waschen, trockentupfen und je einmal längs und quer halbieren, sodass 4 Schnitzelchen entstehen. Je 1 Salbeiblatt mit einem Holzstäbchen darauf feststecken.

2 Den Kohlrabi putzen, schälen, vierteln und in dünne Scheiben schneiden. Schalotte abziehen und fein würfeln. 1 EL Öl erhitzen, Schalotte darin glasig dünsten. Kohlrabi und 4 EL Wasser dazugeben und zugedeckt 6–7 Minuten bei mittlerer Hitze dünsten, salzen und pfeffern.

3 Gleichzeitig das übrige Öl in einer Grillpfanne verstreichen und stark erhit-

zen. Putenschnitzel darin von jeder Seite 2–3 Minuten braten, salzen und pfeffern. Petersilie abbrausen, trockenschütteln, hacken und unter den Kohlrabi mischen. Gemüse mit den Salbei-Putenschnitzeln und der sauren Sahne anrichten.

Variante: Klassisch und immer wieder gut ist die Kombination von Kalbsschnitzel und Salbei. Unbedingt einmal ausprobieren!

tipp für stufe 3

Mit 2 kleinen Pellkartoffeln (80 g) dazu wird aus dem Gericht eine kleine Luxusmahlzeit.

edel

Hirschsteak mit Walnuss-Joghurt-Sauce

Für 1 Person

- 3 EL Joghurt
- 1 EL saure Sahne
- Salz
- Pfeffer
- 1 TL Zitronensaft
- 1 dünne Stange Staudensellerie
- 1 EL gehackte Walnüsse
- 1 Hirschsteak (aus der Hüfte; ca. 140 g)
- 2 TL Öl
- 3 Wacholderbeeren

1. Den Joghurt mit der sauren Sahne verrühren, mit Salz, Pfeffer und Zitronensaft würzen. Sellerie waschen, putzen und sehr klein würfeln, mit den Nüssen unterheben.
2. Das Steak waschen, trockentupfen, salzen und pfeffern. Das Öl in einer Pfanne erhitzen und das Fleisch darin bei mittlerer Hitze 3 Minuten braten. Wacholderbeeren zerstoßen, in die Pfanne geben. Steak wenden und weitere 3 Minuten braten. Fleisch und Gewürze in Alufolie wickeln, 5 Minuten ruhen lassen.
3. Das Steak dann in dünne Scheiben schneiden und mit der Walnuss-Joghurt-Sauce servieren.

tipp

Um Aroma freizusetzen, zerdrückt man Gewürzkörner am besten in einem Mörser. Es geht auch mit einem Messerrücken.
Genießen Sie das Steak mit Feldsalat (75 g) und einer Vinaigrette aus 1 EL Rotweinessig, 1 EL Wasser, Salz, Pfeffer und 1 EL Walnussöl.

sonntagsfein

Lammfilets mit Gurken-Minze-Gemüse

Für 1 Person

- 1 EL Sonnenblumenkerne
- 2 Lammfilets (à 65–70 g)
- 300 g Salatgurke
- 3 Frühlingszwiebeln
- 1 ½ EL Öl
- 80 ml Gemüsebrühe
- 1 EL gehackte Minze
- Salz, Pfeffer

1 Die Sonnenblumenkerne in einer Pfanne ohne Fett anrösten, herausnehmen und abkühlen lassen. Die Lammfilets waschen und trockentupfen.

2 Die Gurke schälen, längs halbieren und entkernen, die Hälften in Scheiben schneiden. Frühlingszwiebeln waschen, putzen, das Weiße und Hellgrüne schräg in feine Ringe schneiden. 1 EL Öl erhitzen, die Zwiebeln bis auf 1 EL Frühlingszwiebelgrün hinzufügen und 3 Minuten andünsten. Brühe dazugießen, zugedeckt 5 Minuten dünsten. Die Sonnenblumenkerne und die Minze unterheben, mit Salz und Pfeffer würzen. Schließlich das Grüne der Frühlingszwiebeln obendrauf streuen.

3 Gleichzeitig das übrige Öl in einer kleinen Pfanne erhitzen, das Filet darin 3 Minuten rundherum scharf anbraten, dabei salzen und pfeffern. Fleisch aus der Pfanne nehmen und in Alufolie wickeln, 5 Minuten ruhen lassen.

4 Die Lammfilets schräg in Scheiben schneiden. Mit dem Gurkengemüse anrichten. Nach Belieben mit etwas Minze garnieren.

Variante: Wer keine Minze mag, nimmt stattdessen Estragon oder Dill.

kleine naschereien

Nun ist auch Naschen erlaubt. Ja: gesund. Und fruchtig. Und cremig. Und süß. Und so herrlich klingend wie Honig-Zabaione mit Feigen oder Quark-Mousse mit Erdbeersalat.

klassisch

Rote Blitz-Grütze

Für 1 Person

- 125 g gemischte TK-Beeren
- 1/4 Vanilleschote
- 75 ml ungesüßter Sauerkirschsaft (Reformhaus)
- 1 EL Agavendicksaft
- 2 TL Apfelpektin (Reformhaus)
- 2 EL Joghurt

1 Die Beeren in eine Schüssel geben. Vanilleschote aufschlitzen, das Mark herauskratzen. Vanilleschote und -mark mit dem Kirschsaft und 75 ml Wasser, Agavendicksaft und Apfelpektin in einem kleinen Topf verrühren, aufkochen und 2–3 Minuten kochen lassen, dabei gelegentlich umrühren.

2 Die heiße Fruchtmasse sofort über die Beeren geben, abkühlen lassen. Grütze mit cremig gerührtem Joghurt servieren.

löffeln statt trinken

Beeren-»Cappuccino«

Für 1 Person

- 100 g gemischte TK-Beeren
- 2 TL flüssiger Akazienhonig
- 100 g Dickmilch
- 1/4 TL Natur-Vanillepulver
- 1 Eiweiß
- 1 TL Zitronensaft
- Kakaopulver zum Bestäuben
- 1 Minzezweiglein

1 Die Beeren 10 Minuten antauen lassen, dann mit 1 TL Honig vermischen und in ein Becherglas füllen.

2 Dickmilch mit Vanillepulver verrühren. Eiweiß mit Zitronensaft und übrigem Honig steif schlagen und unterheben. Die Creme locker wie ein Wölkchen auf die Beeren geben. Fein mit Kakao bestreuen und mit dem Minzestiel dekorieren.

Variante: Statt der Mischung eignet sich auch nur eine Beerensorte, z. B. Heidelbeeren oder Himbeeren, für die Süßspeise.

tutti frutti

Fruchtsalat mit Mandelcreme

Für 1 Person

- 1 blaue Pflaume
- 75 g Erdbeeren
- 1/2 Apfel
- 1 EL Zitronensaft
- 1 TL flüssiger Akazienhonig
- 75 g Ricotta
- 2 EL Milch (1,5 %)
- 2 EL gemahlene Mandeln

1 Die Pflaume waschen, halbieren, entsteinen und in Spalten schneiden. Erdbeeren waschen, putzen, halbieren oder vierteln. Apfelhälfte waschen, entkernen und quer in Scheibchen schneiden.

2 Obst vorsichtig mischen, mit Zitronensaft und Honig beträufeln. Ricotta mit Milch und Mandeln cremig rühren, über das Obst geben.

le füllen. Joghurt und Vanillepulver verrühren, obendrauf geben und mit einem Löffelstiel leicht unterrühren, also marmorieren.

Variante: Das Fruchtpüree eignet sich auch als Basis für einen Drink. Dafür in ein großes Glas füllen, mit 150 ml Kefir oder Buttermilch auffüllen.

fix fertig

Gemischtes Beerenpüree

Für 1 Person

- 100 g gemischte Beeren (frisch oder aufgetaute TK-Beeren)
- 1 EL Zitronensaft
- 1 TL flüssiger Akazienhonig
- 2 EL Joghurt
- ½ TL Naturvanille-Pulver

1. Die Beeren verlesen, gefrorene Beeren auftauen lassen. Mit dem Zitronensaft und Honig fein pürieren. Nach Belieben durch ein Sieb streichen, um die Kernchen zurückzubehalten.
2. Das Beerenpüree in eine kleine Scha-

locker-leicht

Quark-Mousse mit Erdbeersalat

Für 1 Person

- 80 g Magerquark
- 1 TL Saft und ¼ TL Schale von 1 Biolimette
- 1 Eiweiß
- 1 Prise Salz
- 125 g Erdbeeren
- 2 TL flüssiger Akazienhonig

1. Quark mit Limettensaft und -schale verrühren. Das Eiweiß mit dem Salz steif schlagen und unterheben.
2. Erdbeeren waschen, grüne Kelchblätter entfernen, Beeren je nach Größe halbieren oder vierteln. Mit der Quarkmousse anrichten und mit dem Honig beträufeln.

fein für sonntags

Honig-Zabaione mit Feigen

Für 1 Person

- 2–3 reife blaue Feigen (ca. 120 g)
- 1 Eigelb
- 2 TL flüssiger Akazienhonig
- 1 Prise Zimtpulver
- 2 EL trockener Weißwein

1 Die Feigen waschen, trockentupfen und längs vierteln oder achteln. Auf einem Dessertteller kranzförmig anrichten.

2 Das Eigelb mit dem Honig, 1 Prise Zimt und Weißwein in einer Schlagschüssel sorgfältig verrühren. In ein heißes, nicht kochendes Wasserbad setzen und unter ständigem Schlagen mit dem Schneebesen aufschlagen, bis die Masse dickschaumig und cremig ist. Lauwarm über die Feigen verteilen und sofort servieren.

tipp

Das Dessert mit einigen Blättchen frischer Minze oder Zitronenmelisse garnieren.

leicht prickelnd

Kefir-Mandarinen-Dessert

Für 1 Person

- 150 g Kefir
- 1 TL flüssiger Akazienhonig
- ½ TL gemahlener Ingwer
- 1 g Johannisbrotkernmehl (Reformhaus)
- 1 Mandarine
- 2 TL gehackte Bitterschokolade (mindestens 70% Kakaoanteil)

1 Den Kefir mit dem Honig, Ingwer und Bindemittel gründlich verquirlen. Die Mandarine schälen und in Segmente teilen. Die Hälfte davon klein schneiden und unter den Kefir heben.

2 Die Kefirmischung in eine kleine Schüssel füllen, die übrigen Mandarinenspalten dekorativ obendrauf legen. Mit der Schokolade bestreuen.

Orangen-Carpaccio

Für 1 Person

- 1 Orange
- 1 EL Zitronensaft
- 80 g körniger Frischkäse
- 1 TL flüssiger Akazienhonig
- 2 TL gehackte Pistazienkerne

1 Die Orange mitsamt der weißen Haut schälen und quer in dünne Scheiben schneiden. Diese ringförmig auf einem Teller verteilen, dabei die Mitte frei lassen. Mit dem Zitronensaft beträufeln.
2 Den Frischkäse in die Mitte geben, mit dem Honig beträufeln und mit den Pistazienkernen bestreuen.

Ricottakugeln auf zweierlei Fruchtpüree

Für 1 Person

- 75 g Himbeeren (frisch oder tiefgekühlt)
- 1 TL Limettensaft
- 2 TL flüssiger Akazienhonig
- 1 kleine Kiwi
- 80 g Ricotta
- Zitronenmelisse (nach Belieben)

1 Frische Himbeeren verlesen, gefrorene auftauen lassen. Mit dem Limettensaft und 1 TL Honig fein pürieren. Kiwi

schälen, in Stücke schneiden und mit dem übrigen Honig glatt pürieren.

2 Kiwi- und Himbeerpüree nebeneinander auf einen großen Dessertteller geben. Mit der Rückseite eines Löffels die Pürees leicht ineinanderziehen, sodass ein Muster entsteht. Von dem Ricotta mit einem nassen Teelöffel kleine Nocken abstechen, auf die Pürees setzen. Nach Belieben mit etwas Zitronenmelisse garnieren.

tipp

Wer mag, kann die Fruchtpürees noch getrennt durch ein feines Sieb streichen, um die Kernchen zurückzubehalten.

gut vorzubereiten

Birnen-Quark-Dessert

Für 1 Person

- 1 reife Birne
- 1/4 Zimtstange
- 125 g Magerquark
- 2 EL Milch (1,5 %)
- 2 TL Birnendicksaft
- 1 EL geraspelte Bitterschokolade (mind. 70 % Kakaoanteil)

1 Die Birne waschen, vierteln, vom Kerngehäuse befreien und quer in dünne Stücke schneiden. In einem kleinen Topf mit der Zimtstange und 4 EL Wasser aufkochen, zugedeckt 3 Minuten dünsten.

2 Quark mit Milch und Birnendicksaft cremig rühren, abwechselnd mit dem Kompott in eine Dessertschale schichten. Die Schokolade daraufstreuen.

Variante: Abwechslung gefällig? Dann nehmen Sie statt der Birne einen mürben Apfel und ersetzen den Birnen- durch Apfeldicksaft.

tipp

Das Dessert können Sie wunder bar als Überraschung für Gäste servieren. Die Zutaten lassen sich problemlos erhöhen und in einer großen Schüssel ist alles rasch zu einer saftigen Süßspeise eingeschichtet.

Kirsch-Gratin

Für 2 Personen

- 125 g TK-Schattenmorellen
- 1 große Nektarine
- 125 g Magerquark
- 2 TL flüssiger Akazienhonig
- 1 TL Zitronensaft
- 1 Eiweiß
- 1 EL Pinienkerne

1 Den Backofen auf 220° (Umluft nicht empfehlenswert!) vorheizen. Kirschen 5 Minuten antauen lassen. Nektarine waschen, halbieren, entsteinen und in Spalten schneiden. Früchte zusammen in einer kleinen Gratinform verteilen.

2 Quark mit Honig und Zitronensaft verrühren. Eiweiß steif schlagen und unterheben, über die Früchte verteilen. Mit den Pinienkernen bestreuen. Im Ofen (Mitte) in 10 Minuten goldbraun backen. Sofort servieren.

Avocado-Kokos-Creme

Für 1 Person

- 1/2 reife Avocado
- 2 TL Saft und 1/4 TL Schale von 1/2 Biolimette
- 2 TL Agavendicksaft
- 3 EL ungesüßte Kokosmilch
- 1 g pflanzliches Bindemittel (Reformhaus)
- 1 TL Kokosraspel
- 1 Bio-Limettenscheibe

1 Die Avocado entsteinen, das Fruchtfleisch aus der Schale heben und mit dem Limettensaft und Agavendicksaft pürieren. Kokosmilch, abgeriebene Limettenschale und Bindemittel locker unterheben. Creme in eine Glasschale füllen, 10 Minuten kalt stellen.

2 Kokosrapsel aufstreuen und das Dessert mit der Limettenscheibe garnieren.

sommerlich

Pfirsich-Kaltschale

Für 1 Person

- 1 EL gehobelte Mandeln
- 1 reifer Pfirsich
- Saft und Schale von ½ Bio-Limette
- 1 TL Ahornsirup
- 1–2 Minzezweige
- 2 Eiswürfel

1 Die Mandeln in einer Pfanne ohne Fett goldbraun rösten. Vom Herd nehmen und abkühlen lassen.

2 Den Pfirsich überbrühen, abschrecken und häuten, dann halbieren und in dünne Spalten schneiden. ⅔ davon in den Mixer oder eine hohe Rührschüssel geben. Saft und abgeriebene Schale der Limette und den Ahornsirup hinzufügen. Minze abbrausen, Blätter von einem Stiel zupfen. Eiswürfel zerstoßen. Minze und Eis zum Pfirsich geben, alles fein pürieren.

3 Das Pfirsichpüree in einen tiefen Teller füllen. Die übrigen Pfirsichspalten daraufgeben und mit den gerösteten Mandelblättchen bestreuen. Mit einigen Minzeblättern garnieren. Die Kaltschale sofort servieren.

Blitzdessert

Blaubeer-Sorbet

Für 1 Person

- 100 g TK-Blaubeeren
- 1 EL saure Sahne
- 1 EL Joghurt
- ¼ TL Schale von 1 Bio-Orange
- 2 TL flüssiger Akazienhonig
- 1 Minzeblatt

1 Die Beeren in eine hohe Rührschüssel geben, 10 Minuten antauen lassen.

2 Saure Sahne und Joghurt, Orangenschale und Honig dazugeben, alles mit dem Schneidstab fein pürieren. Sorbet in einer Dessertschale anrichten, mit dem Minzeblatt garnieren. Sofort servieren.

Variante: Probieren Sie auch mal ein Himbeer-, Erdbeer- oder Brombeersorbet. Köstlich!

3. stufe

gas geben mit lust am genuss

So, die Enzymrevolution ist vollbracht. Die Lipolyse (= Fettabbau) läuft auf Hochtouren. Nun dürfen Sie! Luxusmengen an Nudeln, Brot, Reis & Co. sowie die süßesten Früchte ziehen in Ihr Leben ein: als Erdbeer-Schoko-Traum, Glasnudelsalat mit Krebsfleisch ...

Zeit zu genießen

Lust auf mehr? Nun, nach einem Monat, sind Sie stolzer Besitzer eines wunderbaren Heers an Fettverbrennungs-Enyzymen. Nun haben Sie viele aktive Mitochondrien. Und nun sind zusätzlich Luxusmengen an Kartoffeln, Brot, Nudeln, Reis und süßen exotischen Früchten erlaubt. Luxusmengen heißt: kleine Mengen, die Sie im Muskel auch wieder verbrennen. Und da es mit Sicherheit auch in Ihrem Kopf »klick« gemacht hat, Sie wissen, Ihr Körper weiß: Kohlenhydrate sind purer Luxus – den man im Grunde nicht braucht, aber gerne mal genießt –, fällt Ihnen das Reduzieren auf das Wesentliche auch gar nicht schwer. Ein Tipp: Schieben Sie anfangs die Beilage ruhig mal an den Rand des Tellers, essen Sie diese zum Schluss. Und spüren Sie in sich hinein … Wie viel vom Luxus können Sie wirklich so richtig genießen? Wetten, Sie schaffen den zweiten Knödel nicht mehr.

die 3. stufe-regeln

1. Nun dürfen Sie Luxus genießen. Bauen Sie zwei Portionen Obst und kleine Portionen Beilagen-Kohlenhydrate in Ihr Leben ein. Auf Seite 32 finden Sie eine Tabelle mit Luxus-Portionen.

2. Essen Sie dreimal am Tag. Lassen Sie vier bis fünf Stunden lang zwischendrin Ihren fettverbrennenden Enzymen Zeit, Fett abzubauen.

3. Halten Sie vor allem abends die Kohlenhydratportion klein. Sobald Sie wieder zunehmen, lassen Sie diese einfach zwei bis drei Mal die Woche weg. Idealerweise abends.

4. Weiterhin sollten Sie täglich zwei bis drei Liter trinken. Darunter ein Glas Gemüsesaft. Wenn frisch gepresster Obstsaft, verdünnen Sie ihn 1:3 mit Wasser.

5. Sie dürfen auch Wein trinken. Mal ein Gläschen. Aber es sollte Ihnen klar sein, dass Ihre Fettverbrennungs-Enzyme dann schlafen.

6. Shaken Sie immer, wenn Sie keine Zeit zum Kochen haben, einen Eiweißdrink. Und essen Sie ein Stück Obst dazu – und/oder ganz viel Gemüse.

7. Wenn Sie zunehmen, dann legen Sie ruhig mal wieder einen Tag der ersten Stufe ein. Und wer es sich erlauben kann, genießt seinen Schlampertag.

8. Je mehr Sie sich bewegen, desto mehr Luxus-Kohlenhydrate können Sie in Ihr Leben einbauen. Und: desto häufiger einen Schlampertag.

metabolic-power-drinks

Für Inder selbstverständlich: Joghurt mit Früchten. Oder mit Kräutern. Oder mit Ingwer. Das nennen sie Lassi. Probieren Sie unseren Mango-Lassi, und fliegen Sie ... Oder die Feigen-Buttermilch oder den Papaya-Energy-Drink ... Und Sie spüren stante pede, wie gut das tut. Und sie brauchen keinen roten Bullen aus der Dose mehr.

indisch inspiriert

Mango-Lassi

Für 1 Person

- 1 Stück reife Mango (ca. 100 g)
- 1 Stiel Zitronenmelisse
- 75 g Joghurt
- 1 EL Limettensaft
- 1 TL flüssiger Akazienhonig
- 30 g Eiweißpulver
- 75 ml kohlensäurearmes Mineralwasser

1 Das Mangostück schälen, eine größere Spalte zum Garnieren abschneiden und beiseitelegen, das übrige Fruchtfleisch grob würfeln und mit dem Schneidstab pürieren. In ein hohes Glas geben.

2 Zitronenmelisseblätter abzupfen, mit dem Joghurt, Limettensaft, Akazienhonig, Eiweißpulver und Mineralwasser fein pürieren. Vorsichtig auf dem Mangopüree in dem Glas verteilen. Mangospalte einschneiden und an den Glasrand stecken. Drink mit einem dicken Trinkhalm servieren.

Variante: Statt der Mango könnte auch ein Stück Papaya Basis für den feinen Luxuskohlenhydrate-Drink sein.

Fitness-Cocktail

Orangen-Molke-Drink

Für 1 Person

- 1 kleine Orange
- 1 TL flüssiger Akazienhonig
- 50 ml Möhrensaft
- 30 g Eiweißpulver
- 100 ml Kur-Molke (Reformhaus)

1 Die Orange samt der weißen Haut schälen und klein schneiden. Mit dem Honig und Möhrensaft in den Mixer geben und fein pürieren.

2 Eiweißpulver und Molke dazugeben, alles kurz und kräftig aufmixen. Drink in ein hohes Glas füllen, mit einem dicken Trinkhalm servieren.

tipp

Für einen kühlen Sommerdrink einige Eiswürfel zerstoßen – am besten im Ice-Crusher oder in einem Gefrierbeutel mit dem Hammer – und die Eisstücke in das Glas geben.

aus dem Vorrat

Aprikosenmilch

Für 1 Person

- 4 getrocknete Softaprikosen (ca. 40 g)
- 6 EL Orangensaft
- 1 TL abgeriebene Bio-Orangenschale
- 1 TL Ahornsirup
- 30 g Eiweißpulver
- 200 ml Sojadrink

1 Die Aprikosen in kleine Würfel schneiden, mit Orangensaft und -schale sowie dem Ahornsirup im Mixer oder mit dem Schneidstab sehr fein pürieren.

2 Eiweißpulver und Sojadrink dazugeben und alles kurz und kräftig durchmixen. Mischung in ein hohes Glas gießen, mit einem dicken Trinkhalm servieren.

tipp

Den Drink kann man auch mit Dörraprikosen oder Backpflaumen zubereiten. Dazu die Früchte klein schneiden und mit dem lauwarmen Orangensaft übergießen. 10–15 Minuten einweichen, dann pürieren.

nussig-mild

Birnen-Erdnuss-Shake

Für 1 Person

- 1 kleine reife Birne (ca. 120 g)
- 1 EL Limettensaft
- 2 TL Erdnussmus (Reformhaus)
- 2 TL Birnendicksaft
- 1/8 l Milch (1,5 %)
- 30 g Eiweißpulver

1 Die Birne vierteln, entkernen und schälen. Eine Spalte zum Garnieren abschneiden und beiseitelegen, das übrige Fruchtfleisch klein schneiden. Mit Limettensaft, Erdnussmus, Birnendicksaft und der Hälfte der Milch in den Mixer geben, alles fein pürieren.

2 Eiweißpulver und übrige Milch dazugeben, nochmals alles kurz und kräftig durchmixen. Mischung in ein Glas abgießen. Die Birnenspalte an den Rand stecken. Den Drink mit einem dicken Trinkhalm servieren.

Variante: Mögen Sie den Drink etwas herber, nehmen Sie anstelle der Milch Kefir oder Buttermilch.

für gute Nerven

Brombeer-Bananen-Flip

Für 1 Person

- 1/2 reife kleine Banane (ca. 50 g)
- 100 g Brombeeren (frisch oder tiefgekühlt)
- 30 g Eiweißpulver
- 150 ml Buttermilch
- Zimtpulver
- Holzstäbchen

1 Banane schälen, 1 Scheibe abschneiden und beiseitelegen. Brombeeren be-

hutsam waschen und verlesen, 1 Beere beiseitelegen. Übrige Brombeeren und Bananenscheiben mit dem Eiweißpulver und der Buttermilch im Mixer oder mit dem Schneidstab fein pürieren. Mit Zimtpulver würzen.

2 Den Flip in ein großes Glas geben, die beiseitegelegte Bananenscheibe sowie die Brombeere auf einen kleinen Holzspieß stecken und den Brombeer-Bananen-Flip damit garnieren.

tipp

Falls der Drink zu dickflüssig ist, einfach etwas Mineralwasser unterrühren.

belebend

Feigen-Buttermilch

Für 1 Person

- 2 frische blaue Feigen (ca. 125 g)
- 1 EL Limettensaft
- 1 TL flüssiger Akazienhonig
- 150 ml Buttermilch
- 30 g Eiweißpulver
- 1 Msp. Zimtpulver
- 1 TL gehackte Pistazien

1 Die Feigen vierteln und das Fruchtfleisch mit einem Teelöffel aus der Schale schaben. Mit dem Limettensaft, Honig und der Hälfte der Buttermilch im Mixer oder mit dem Schneidstab fein pürieren.

2 Übrige Buttermilch, Eiweißpulver und Zimt dazugeben, noch mal alles kurz und kräftig aufmixen. Drink in ein hohes Glas gießen und mit den Pistazien bestreuen. Mit einem dicken Trinkhalm servieren.

Variante: Abwechslung gefällig? Dann ersetzen Sie die Feigen mal durch frische Aprikosen!

sommerlich

Melonen-Shake

Für 1 Person

- 250 g Galia- oder Honigmelone
- 2 EL Limettensaft
- 30 g Eiweißpulver
- 150 g Dickmilch
- 1/4 TL Natur-Vanillepulver
- 1 Bio-Limettenscheibe

1 Melone schälen, entkernen und in Stücke schneiden.

2 Melone, Limettensaft, Eiweißpulver sowie die Dickmilch in den Mixer oder eine hohe Rührschüssel geben und fein pürieren. Mit dem Vanillepulver würzen. Drink in ein hohes Glas füllen, Limettenscheibe einschneiden und an den Rand stecken.

exotisch

Papaya-Energy-Drink

Für 1 Person

- 1/2 kleine Papaya (ca. 175 g)
- 1 EL Limettensaft
- 5 EL ungesüßte Kokosmilch (Dose)
- 1 TL flüssiger Akazienhonig
- 30 g Eiweißpulver
- 1/8 l Sojadrink

1 Von der Papaya die Kerne herausschaben, die Hälfte schälen und würfeln. Die Fruchtstücke mit Limettensaft, Kokosmilch, Honig und Eiweißpulver im Mixer oder mit dem Schneidstab fein pürieren.

2 Sojadrink dazugeben, kräftig untermixen. Drink in ein hohes Glas füllen, mit einem dicken Trinkhalm servieren.

Variante: Der Drink schmeckt auch mit Milch (1,5 %), Kefir oder Buttermilch. Sojamilch enthält aber hochwertiges pflanzliches Eiweiß.

tipp

Dekorative Kokosraspel-Borte: den Glasrand erst in Limettensaft und dann in Kokosraspel tauchen. Drink vorsichtig in das Glas füllen.

verführerisch

Erdbeer-Schoko-Traum

Für 1 Person

- 125 g Erdbeeren
- 150 ml Milch (1,5 %)
- 1 EL fein geriebene Bitterschokolade (mind. 70 % Kakaoanteil)
- 30 g Eiweißpulver
- 1 TL flüssiger Akazienhonig

1 Die Erdbeeren waschen, putzen und abtropfen lassen, grüne Kelchblätter entfernen. 1 Erdbeere zum Garnieren beiseitelegen, die übrigen Erdbeeren klein schneiden.

2 Erdbeeren mit der Milch, Schokolade, Eiweißpulver und Honig im Mixer oder mit dem Stabmixer cremig rühren. In ein hohes Glas füllen. Übrige Erdbeere einschneiden und an den Glasrand stecken. Drink mit einem dicken Trinkhalm servieren.

tipp

Falls Ihnen der Drink zu dickflüssig ist, dann können Sie ihn ganz einfach mit etwas Mineralwasser oder Milch verdünnen.

ACE-Munter-macher

Kaki-Grapefruit-Drink

Für 1 Person

- ½ reife Kaki (ca. 125 g)
- 30 g Eiweißpulver
- ½ rosa Grapefruit
- 1 TL Ahornsirup
- 1 TL Weizenkeimöl
- ⅛ l Kefir
- 1 Prise gemahlener Piment

1 Das Kakifleisch mit einem Löffel aus der Schale heben und in den Mixer oder eine hohe Rührschüssel geben. Eiweißpulver, ausgepressten Grapefruitsaft, Ahornsirup und Weizenkeimöl dazugeben und alles fein pürieren.

2 Kefir dazugeben und alles nochmals kurz und kräftig mixen. Drink in ein hohes Glas füllen und mit einer Prise Piment bestreuen.

Variante: Bei Kakis, die von Oktober bis Dezember auf den Markt kommen, wird die dünne, etwas zähe Haut entfernt. Erst vollreif entfalten sie ihr birnenartiges Aroma. Anders die Sharonfrucht, eine Kaki-Züchtung aus Israel. Sie ist bereits im festen Zustand genießbar und wird für den Drink mit Schale püriert. Außerhalb der Kakisaison ½ reife Papaya verwenden.

fit-in-den-tag-ideen

Sie dürfen wieder Luxusmengen an Kohlenhydraten ... Sie kriegen sogar Ihr geliebtes Marmeladenbrot. Nur eben mit frischem Himbeer-Aufstrich. Viel, viel besser, viel gesünder. Wechseln Sie ab mit Zitrus-Müsli, Mango-Mozzarella, Schoko-Birnen-Brot. Gönnen Sie sich ein Brötchen mit Lachsschinken oder ein Käseomelett.

sommerlich

Erdbeer-Müsli mit Joghurt

Für 1 Person

- 125 g Erdbeeren
- 3 EL ungezuckertes Früchtemüsli
- 3 EL Milch (1,5%)
- 150 g Joghurt (3,5% Fett)
- ½ gemahlener Zimt
- 1 TL flüssiger Akazienhonig
- Zitronenmelisse (nach Belieben)

1. Erdbeeren abbrausen, von den grünen Kelchblättern befreien, Beeren halbieren oder vierteln. Mit dem Müsli vermengen und mit der Milch beträufeln.
2. Joghurt, Zimt und Honig verrühren, über die Müslimischung geben. Ganz nach Belieben mit Zitronenmelisse garnieren.

Tropisches im Winter

Zitrus-Müsli mit Kokos

Für 1 Person

- 2 EL kernige Haferflocken
- 1 EL Kokosraspel
- 2 Mandarinen oder 1 Orange
- 4 Kumquats (ersatzweise Physalis)
- 1 TL flüssiger Orangenblüten- oder Akazienhonig
- 2 TL Limettensaft
- 150 g Dickmilch
- 2 EL Milch (1,5%)

1. Die Haferflocken und Kokosraspel in einer Pfanne ohne Fett goldbraun rösten, vom Herd nehmen und in einer Schale abkühlen lassen.
2. Mandarinen oder Orange schälen und in Spalten schneiden. Kumquats gut waschen und quer halbieren. Früchte auf das Müsli geben, mit dem Honig und Limettensaft beträufeln. Dickmilch und Milch verrühren, auf dem Müsli anrichten.

tipp

Probieren Sie doch mal verschiedene Sorten Getreideflocken – außer Hafer – gibt es auch Dinkel-, Gersten- oder Roggenflocken.

frisch & fruchtig

Himbeer-Aufstrich

Für 1 Person

- 40 g Himbeeren (frisch oder tiefgefroren)
- 2 EL körniger Frischkäse
- 1 TL flüssiger Akazienhonig
- 1 Scheibe Roggen-Sauerteigbrot (40 g)
- 1 EL fein gehackte Walnüsse

1. Die Himbeeren nur kurz abbrausen, verlesen und bis auf 2–3 Beeren mit einer Gabel fein zerdrücken oder glatt pürieren.
2. Frischkäse mit Honig glatt rühren, auf das Brot streichen. Himbeerpüree darauf verteilen, mit den ganzen Himbeeren belegen und mit den Nüssen bestreuen.

Variante: Streichen Sie zur Abwechslung eine andere Frucht aufs Frühstücksbrot, beispielsweise Aprikosen, Pfirsich, Kaki oder Erdbeeren.

überraschend kombiniert

Marinierter Mango-Mozzarella

Für 1 Person

- 1 EL Pinienkerne
- 1 Stück reife Mango (ca. 130 g; ohne Stein)
- 80 g Mozzarella
- 1 EL Limettensaft
- Salz, Cayennepfeffer
- 2 TL Weizenkeimöl

1 Pinienkerne in einer Pfanne ohne Fett goldbraun rösten. Vom Herd nehmen und abkühlen lassen.

2 Mango schälen und in Scheiben schneiden. Mozzarella in Scheiben schneiden. Mango- und Mozzarellascheiben abwechselnd überlappend auf einem Teller auslegen.

3 Limettensaft, 1 EL Wasser, Salz, 1 Prise Cayennepfeffer und Öl verrühren, über die Scheiben träufeln. Mit den Pinienkernen bestreuen.

süßer Morning-Starter

Birnen-Schoko-Brot

Für 1 Person

- 1 Scheibe Vollkornbrot (40 g)
- 2 EL Quark (20 %)
- 10 g gehackte Bitterschokolade (mindestens 70 % Kakaoanteil)
- ½ reife Birne (ca. 100 g)
- 1 TL flüssiger Akazienhonig

1 Das Brot mit dem Quark bestreichen und mit der Schokolade bestreuen.

2 Die Birnenhälfte waschen, entkernen und in Spalten schneiden. Die Hälfte davon auf dem Brot verteilen, mit dem Honig beträufeln. Übrige Birnenspalten dazu anrichten.

Variante: Die Birnenspalten durch Erdbeerscheibchen ersetzen und mit 1 TL Ahornsirup statt mit Honig beträufeln.

fruchtig-würziger Genuss

Camembert-Creme auf Roggenbrot

Für 1 Person

- 30 g Camembert (15 %)
- 2 EL Quark (20 %)
- 1 TL scharfer Senf
- 1 kleiner Apfel (ca. 100 g)
- 1 Scheibe Roggen-Sauerteigbrot (40 g)
- einige Halme Schnittlauch

1 Camembert von der weißen Rinde befreien, mit einer Gabel zerdrücken, mit Quark und Senf gründlich vermischen.

2 Apfel waschen, vierteln, entkernen und in Scheiben schneiden. Brot mit der Camembertcreme bestreichen und mit der Hälfte der Apfelscheiben belegen. Schnittlauch waschen und fein schneiden, obendrauf streuen. Den übrigen Apfel dazu reichen.

tipp

Wer es morgens eilig hat, kann die Camembertcreme am Vorabend zubereiten und in einem kleinen Twist-Off-Glas im Kühlschrank aufbewahren. Hält sich 2–3 Tage.

Brötchen mit Lachsschinken

Für 1 Person

- 1 kleines Roggen-Sauerteigbrötchen (40 g)
- 2 EL Ricotta
- 4 Basilikumblätter
- 2 Scheiben Lachsschinken
- 1 kleine Strauchtomate
- Pfeffer

1 Das Brötchen aufschneiden, die Hälften mit je 1 EL Ricotta bestreichen und mit je 2 Blättern Basilikum belegen. Darauf je 1 Scheibe Lachsschinken legen.

2 Tomate waschen, vom Stielansatz befreien und quer in Scheiben schneiden, auf den Brötchenhälften verteilen. Mit Pfeffer aus der Mühle übermahlen.

Variante: Statt mit Lachsschinken das Brötchen mit 2 dünnen Scheiben Gouda belegen.

Käseomelett

Für 1 Person

- 1 Ei
- 2 EL Milch (1,5 %)
- Salz, Pfeffer
- 1 EL gehackte Petersilie
- 1 TL Öl
- 1 EL geriebener Emmentaler
- 1 Tomate
- 1 Scheibe Roggen-Vollkornbrot (40 g)

1 Das Ei mit Milch, Salz, Pfeffer und Petersilie verrühren.

2 Öl in einer Pfanne zerlassen, Eiermix bei milder Hitze in 2–3 Minuten stocken lassen. Mit dem Käse bestreuen, zugedeckt bei mittlerer Hitze in 2–3 Minuten schmelzen lassen.

3 Inzwischen Tomate waschen, vom Stielansatz befreien und in Spalten schneiden, leicht salzen und pfeffern. Omelett zusammenklappen, dazu anrichten. Brot diagonal zerteilen, dazu reichen.

Variante: Statt Omelett Rührei braten und mit den Tomatenscheiben auf der Brotscheibe anrichten. Mit Petersilie garnieren.

dezent scharf

Geflügelsülz-Brot mit Radieschen

Für 1 Person

- 1 Scheibe Mehrkornbrot (40 g)
- 1 TL Senf
- 3–4 Radieschen
- Salz, Pfeffer
- 1 TL Olivenöl
- 2 Scheiben Geflügelsülze (ca. 40 g)
- 1 Büschel Kresse

1. Das Brot mit dem Senf bestreichen.
2. Radieschen waschen, putzen, in Scheiben schneiden und schuppenartig auf das Brot legen. Salzen und pfeffern, mit Olivenöl beträufeln. Brot mit der Geflügel sülze belegen, mit Kresse garnieren.

Variante: Statt Geflügelsülze 1–2 Scheiben Räucherlachs.

fürs Sonntagsfrühstück

Krabbensalat auf Pumpernickel

Für 1 Person

- 1 Minigurke (ca. 120 g)
- 50 g Nordseekrabben
- 1 EL saure Sahne
- 1 TL Weißweinessig
- Salz, Pfeffer
- 2 Stiele Dill
- 1 Scheibe Pumpernickel (40 g)

1. Die Gurke schälen, 3/4 in Scheiben schneiden, 1/4 sehr fein würfeln. Krabben abbrausen und gut abtropfen lassen. Gurkenwürfel, die Krabben und saure Sahne vermischen, mit Essig, Salz und Pfeffer würzen. Dill abbrausen, abzupfen und hacken, bis auf 1 Zweiglein unterheben.
2. Krabbensalat auf dem Pumpernickel verteilen. Mit Dill garnieren. Gurkenscheiben dazu anrichten.

tipp

Wer es lieber kräftiger mag: Krabben durch Matjes ersetzen und das Brot zum Brunch oder als leichte Mahlzeit servieren.

leichte mahlzeiten

Auf der dritten Stufe picken Sie sich mittags oder abends eine leichte Mahlzeit heraus, auf die Sie Lust haben. Genießen Sie Linsensalat, Schinkensülze, Paprika-Bruschetta ...

lässt sich gut vorbereiten

Chicorée-Hähnchen-Salat

Für 1 Person

- 1 Hähnchenbrustfilet (ca. 125 g)
- Salz, Pfeffer
- 1 EL Olivenöl
- 1 großer Chicorée, 1 Tomate
- 100 g Joghurt
- 1 EL Zitronensaft
- 1 TL flüssiger Akazienhonig
- ½ Beet Kresse
- 1 Scheibe Pumpernickel (40 g)

1 Hähnchenfilet waschen, trockentupfen, mit Salz und Pfeffer würzen. Öl in einer Pfanne erhitzen, Hähnchenfilet darin auf jeder Seite 5 Minuten braten.

2 Inzwischen den Chicorée waschen, halbieren und den Strunk keilförmig herausschneiden. Tomate waschen, längs halbieren und in Scheiben schneiden, mit dem Chicorée anrichten.

3 Joghurt mit 1 EL Wasser, Zitronensaft, Honig, Salz und Pfeffer verrüh-

ren. Hähnchenfilet schräg in Scheiben schneiden und auf dem Salat anrichten, mit der Joghurtsauce beträufeln und mit der Kresse bestreuen. Pumpernickel diagonal zerteilen, dazu reichen.

würzig

Marinierter Harzer Käse

Für 1 Person

- 100 g Harzer Käse
- 1 kleine rote Zwiebel
- 5 Radieschen
- 2 EL Weißweinessig
- ½ TL Kümmel
- Salz, Pfeffer
- 1 EL Rapsöl
- ¼ TL Schnittlauchröllchen
- 1 Scheibe Roggen-Sauerteigbrot

1. Käse in dünne Scheiben schneiden. Zwiebel abziehen und in feine Ringe teilen. Radieschen putzen, waschen und in dünne Scheiben schneiden. Käse auf einem Teller anrichten, Zwiebel und Radieschen darüber verteilen.
2. Essig und 2 EL Wasser mit Kümmel, Salz, Pfeffer und Öl verrühren. Über die Käsemischung träufeln. Schnittlauch obendrauf streuen. Brot dazu reichen.

zum Mitnehmen

Linsensalat mit Mozzarella

Für 1 Person

- 125 g braune Linsen (Dose)
- ½ gelbe Paprikaschote
- 100 g Zucchini
- 1 kleine rote Zwiebel
- 80 g Büffel-Mozzarella
- 1 ½ EL Rotweinessig
- 2 EL Gemüsebrühe
- Salz, Pfeffer
- 2 TL Apfeldicksaft
- 1 EL Olivenöl
- 1 EL Schnittlauchröllchen

1. Die Linsen abgießen und abtropfen lassen. Paprikaschote und Zucchini waschen, putzen und klein würfeln. Zwiebel abziehen, halbieren und in feine Streifen schneiden. Mozzarella in 1 cm große Würfel schneiden.
2. Essig und Brühe mit Salz, Pfeffer und Apfeldicksaft verrühren, Öl unterschlagen. Linsen, Gemüse und Mozzarella vorsichtig in der Marinade wenden, mit Salz und Pfeffer abschmecken. Schnittlauch obendrauf streuen.

Variante: Wer es lieber kräftiger mag, ersetzt den Mozzarella durch in Salzlake eingelegten Schafskäse, also Feta.

Vitaminmix

Gemüse-Antipasti

Für 1 Person

- 150 g grüner Spargel
- Salz, Pfeffer
- 1 EL Aceto bianco
- ½ TL scharfer Senf
- 2 EL Olivenöl
- 100 g kleine Champignons
- 1 EL Aceto balsamico
- 3–4 Zweige Petersilie
- ½ Roggen-Sauerteigbrötchen (ca. 40 g)

1 Den Spargel waschen, Enden abschneiden, Stangen nur im unteren Drittel schälen und schräg in 4 cm lange Stücke schneiden. In Salzwasser bei mittlerer Hitze in 7 Min. bissfest garen.

2 Inzwischen den weißen Balsamessig, 2 EL Wasser, Senf, Salz und Pfeffer mit 1 EL Olivenöl verrühren. Den Spargel abgießen, abtropfen lassen und in eine flache Schale legen. Mit der Vinaigrette beträufeln und ziehen lassen, bis die Pilze fertig sind.

3 Die Champignons putzen, abreiben und in Scheiben schneiden. In einer Pfanne übriges Öl erhitzen, Pilze bei starker Hitze etwa 3–4 Minuten braten, dabei gelegentlich wenden. Den Balsamessig mit 2 EL Wasser, Salz und Pfeffer verrühren, zu den Pilzen gießen, einmal kurz aufkochen lassen. Vom Herd nehmen. Die Petersilie waschen, trockenschütteln, abzupfen und fein hacken, untermischen.

4 Spargel und Champignons nebeneinander auf einem Teller anrichten, das Brötchen dazu reichen.

orientalisch

Kichererbsenbällchen mit Salat

Für 1 Person

- 125 g Kichererbsen (Dose)
- 50 ml Gemüsebrühe
- 150 g Kirschtomaten
- 1 Römersalatherz
- Salz, Pfeffer
- ½ TL gemahlener Kreuzkümmel
- 1 EL Sesam

- 1 EL Aceto balsamico
- 1 EL Olivenöl
- 1 EL Schnittlauchröllchen
- 75 g Joghurt

1 Kichererbsen abtropfen lassen, in die kochende Brühe geben, zugedeckt 5 Minuten bei milder Hitze kochen lassen. Tomaten waschen, halbieren, Salat waschen, putzen und mundgerecht zerpflücken.

2 Kichererbsen in der Brühe fein pürieren, würzen, etwas abkühlen lassen. Daraus tischtennisballgroße Bällchen formen und im Sesam wälzen.

3 Essig, 1 EL Wasser, Salz, Pfeffer und Olivenöl verquirlen, Römersalat und Tomaten damit anmachen, auf einem Teller mit den Kichererbsenbällchen anrichten. Mit Schnittlauch bestreuen. Joghurt dazu servieren.

gut vorzubereiten

Schinkensülze mit Petersilien-Quark-Sauce

Für 1 Person

- 1 Scheibe gekochter Schinken (ca. 30 g)
- 1 Cornichon
- $^1/_8$ l Gemüsebrühe
- $^1/_2$ TL Agar-Agar (Reformhaus)
- 2 EL gehackte Petersilie
- Salz, Pfeffer
- 2 EL Magerquark
- 1 TL Tomatenmark
- 1 TL Zitronensaft
- $^1/_2$ kleine Knoblauchzehe
- 1 Scheibe Buchweizen-Vollkornbrot (40 g)

1 Schinken und Cornichon in kleine Würfel schneiden, mischen und in ein Portionsförmchen (ca. $^1/_4$ l) geben.

2 Brühe und Agar-Agar verrühren, unter Rühren aufkochen. 1 EL Petersilie dazugeben, 1–2 Minuten mitkochen. Von der Kochstelle nehmen, mit Salz und Pfeffer würzen. Etwas abkühlen lassen, über den Schinken gießen und zugedeckt für 1 Stunde kalt stellen.

3 Inzwischen den Quark mit Tomatenmark und Zitronensaft verrühren, mit Salz und Pfeffer abschmecken. Übrige Petersilie und zerdrückte Knoblauchzehe unterheben. Sülze aus der Form auf einen Teller stürzen, mit der Sauce anrichten. Brot dazu reichen.

tipp

Die Sülze hält sich im Kühlschrank 2–3 Tage und lässt sich auch gut für Gäste vorbereiten.

fix fertig

Möhren-Couscous-Salat mit Feta

Für 1 Person

- 25 g Couscous
- 1 Möhre (ca. 100 g)
- 1 rote Spitzpaprika
- 1 kleine rote Zwiebel
- 1 EL Zitronensaft
- Salz, Pfeffer
- 1/4 TL gemahlener Kreuzkümmel
- 1 EL Olivenöl
- 2 Stiele Minze
- 75 g Feta

1 Den Couscous mit 5 EL kochendem Wasser übergießen, zugedeckt 5–7 Minuten quellen lassen, dann mit einer Gabel auflockern. Inzwischen die Möhre schälen und fein raspeln. Spitzpaprika waschen, halbieren, entkernen und in kleine Würfel schneiden. Zwiebel abziehen und fein hacken.

2 Zitronensaft, 1 1/2 EL Wasser, Salz, Pfeffer, Kreuzkümmel und Olivenöl verquirlen. Möhre, Paprika und Zwiebel mit dem Couscous unter das Dressing mischen. Minze abzupfen, hacken und mit dem zerbröselten Schafskäse darüberstreuen.

Variante: Wer mag, kann statt Couscous den etwas gröberen Bulgur-Weizengrieß nehmen. Er ist bereits vorgekocht und gart ebenso schnell wie der vorbehandelte Couscous. Wie beschrieben überbrühen und ausquellen lassen.

winterlich

Bündnerfleisch-Salat

Für 1 Person

- 1 EL gehackte Walnüsse
- 1 TL flüssiger Akazienhonig
- 1 EL Aceto balsamico
- Salz, Pfeffer
- 1 EL Rapsöl
- 1 TL Chiliflocken
- 1 EL Schnittlauchröllchen
- 50 g Feldsalat
- 1 Handvoll Mungobohnensprossen
- 30 g Bündnerfleisch
- 1 Scheibe Mehrkornbrot (40 g)

1. Die Walnüsse in einer Pfanne ohne Fett schön goldbraun rösten und abkühlen lassen. Den Honig, den Essig und 2 EL Wasser sowie Salz, Pfeffer, Öl und Chiliflocken gut verrühren. Schnittlauch untermengen.

2. Den Feldsalat waschen, trockenschleudern und gründlich putzen. Sprossen abbrausen, abtropfen lassen. Salat und Sprossen mit der Vinaigrette mischen. Mit dem Bündnerfleisch anrichten. Nüsse darüberstreuen. Das Brot dazu reichen.

Variante: Statt mit Bündnerfleisch schmeckt der Salat auch mit Käse. Dafür z. B. 30 g Gouda in dünnen Scheiben mit dem Salat anrichten.

italienisch inspiriert

Paprika-Bruschetta

Für 1 Person

- 1 TL Olivenöl
- 2 Scheiben Vollkornbaguette (à 20 g)
- 100 g körniger Frischkäse
- Salz, Pfeffer
- 1 rote Spitzpaprika
- 1 eingelegte grüne Peperoni
- 3 Stiele Petersilie
- 2 TL Ajvar (Paprikapaste)
- 1 Kopfsalatblatt

1 Öl in einer kleinen Pfanne erhitzen, Baguettescheiben bei mittlerer Hitze von beiden Seiten in 5 Minuten goldbraun rösten. Herausnehmen.

2 Den Frischkäse mit Salz und Pfeffer vermischen. Spitzpaprika waschen, halbieren, entkernen und in sehr kleine Würfel schneiden. Peperoni in feine Ringe schneiden. Petersilie abbrausen, trockenschütteln, Blätter abzupfen und fein hacken. Paprika, Peperoni und Petersilie unter den Frischkäse heben.

3 Brotscheiben mit je 1 TL Ajvar bestreichen, Hälfte der Käsemischung darauf verteilen, übrige Mischung auf dem Salatblatt daneben anrichten.

Variante: Statt Ajvar kann man auch Pesto auf die Brotscheiben streichen und die Spitzpaprika durch 2 Tomaten – entkernt und gewürfelt – ersetzen.

currywürzig

Brokkoli-Reis-Salat mit Pute

Für 1 Person

- 30 g Parboiled-Naturreis
- Salz
- 250 g Brokkoli
- 1 EL Pinienkerne
- 100 g geräucherte Putenbrust (½ cm dicke Scheibe)
- 1 EL Zitronensaft
- 2 EL Joghurt (3,5 %)
- 1–2 TL Currypulver
- 1 EL Olivenöl
- 1 EL gehackte Petersilie

1 Den Reis in Salzwasser nach Packungsangabe in 8–10 Minuten bissfest garen, abgießen und abtropfen lassen.

2 Inzwischen Brokkoli waschen, putzen und in Röschen teilen. Den Strunk schälen und 1 cm groß würfeln. Brokkoli in kochendem Salzwasser 2 Minuten blanchieren, abgießen, abschrecken und gut abtropfen lassen. Pinienkerne in einer Pfanne ohne Fett goldbraun rösten, herausnehmen. Putenbrust in kleine Würfel schneiden.

3 In einer Schüssel Zitronensaft, Joghurt, Salz, Curry und Olivenöl verrühren. Reis, Brokkoli, Pinienkerne und Putenbrust darin wenden. Petersilie obendrauf streuen.

Variante: Statt des Brokkolis kann man auch Blumenkohl nehmen – am besten einen Minikopf, damit nichts übrig bleibt.

erfrischend im Sommer

Gurkenkaltschale mit Garnelen

Für 1 Person

- 125 g TK-Erbsen
- ½ Salatgurke (ca. 250 g)
- 1 Knoblauchzehe
- ⅛ l kalter Kefir
- Salz, Pfeffer
- 1–2 EL Zitronensaft
- 4 geschälte, rohe Garnelen (ca. 100 g)
- 2 TL Olivenöl
- 4 Blätter Basilikum

1 Erbsen aus der Packung nehmen und 10 Minuten antauen lassen. Inzwischen Gurke schälen, ¼ davon entkernen, klein würfeln und beiseitelegen.

2 Restliche Gurke mit den Kernen grob würfeln. Knoblauchzehe abziehen und dazupressen. Erbsen bis auf 1 EL dazugeben, mit dem Kefir mischen und in einem hohen Gefäß fein pürieren. Mit Salz, Pfeffer und Zitronensaft würzen.

3 Garnelen abbrausen, gut trockentupfen, mit Salz und Pfeffer würzen. Olivenöl erhitzen, die Garnelen darin bei starker Hitze von jeder Seite 2 Minuten braten. Basilikum in feine Streifen schneiden, unter die Suppe rühren. Die beiseitegelegten Gurkenwürfel und Erbsen auf die Suppe streuen, die Garnelen darauflegen.

tipp

Für den Transport die Suppe in eine kleine Thermoskanne füllen, Garnelen in einer kleinen Kunststoffbox extra verpacken und kurz vor dem Servieren auf die Suppe geben.

Omega-3-Quelle

Kartoffelsalat mit Makrele

Für 1 Person

- 2 kleine festkochende Kartoffeln (ca. 80 g)
- Salz
- 100 g geräuchertes Makrelenfilet
- 2 EL Radieschen- oder Rettichsprossen
- 1 Frühlingszwiebel
- 4 Blätter Lollo rosso
- 1 EL Weißweinessig
- ½ TL geriebener Meerrettich (Glas)
- Pfeffer
- 1 EL Rapsöl

1 Die Kartoffeln waschen, schälen und in dünne Scheiben schneiden. Dann in kochendem Salzwasser 5 Minuten garen, dann abgießen und gut abtropfen lassen.

2 Inzwischen die Makrele häuten, in Stücke schneiden. Sprossen abspülen und abtropfen lassen. Frühlingszwiebel waschen, putzen und in feine Ringe schneiden. Salatblätter waschen, putzen und mundgerecht zerpflücken.

3 Für die Vinaigrette Essig, 2 EL Wasser, Meerrettich, Salz, Pfeffer und Öl verrühren. Die Salatzutaten und das Makrelenfilet vorsichtig mit der Vinaigrette mischen. Nochmals mit Salz und Pfeffer abschmecken.

tipp

Zum Mitnehmen die Kartoffelscheiben mit der Vinaigrette anmachen, übrige Salatzutaten erst kurz vor dem Servieren unterheben.

asiatisch

Glasnudelsalat mit Krebsfleisch

Für 1 Person

- 40 g Glasnudeln aus Mungobohnen
- 1 EL Sesam
- 120 g Champignons
- 1 kleine Möhre (ca. 60 g)
- 2 Frühlingszwiebeln
- 1 EL Erdnussöl
- 1 EL Sojasauce
- Salz, Pfeffer
- 125 g Flusskrebsfleisch oder Garnelen (Kühlregal)

1 Glasnudeln mit kochend heißem Wasser übergießen und 10 Minuten quellen lassen, dann abgießen, abtropfen lassen und mit einer Schere in Stücke schneiden.

2 Inzwischen Sesam in einer Pfanne ohne Fett anrösten, herausnehmen und abkühlen lassen. Pilze abreiben, putzen und in feine Scheiben schneiden. Möhre putzen, schälen und in Stifte schneiden. Frühlingszwiebeln waschen, putzen und in dünne Scheiben schneiden.

3 Das Öl erhitzen, Frühlingszwiebeln, Champignons und Möhre darin 2 Minuten braten, mit Sojasauce, Salz und Pfeffer würzen. Gemüse mit Krebsfleisch oder Garnelen und der Hälfte des Sesams unter die Glasnudeln heben, noch mal abschmecken. Übrigen Sesam aufstreuen.

tipp

Typisch thailändisch: Den Salat zusätzlich mit 2 TL Fischsauce abschmecken und 1 EL grob gehacktes Koriandergrün obendrauf streuen.

hauptmahlzeiten

Luxus für den Körper und die Seele: Pasta. Mit Tomaten mit Pecorino. Zwei kleine Kartöffelchen in der Bohnenpfanne, zum Rosmarin-Hähnchen, Bulgur zum Fischfilet ...

sommerlich

Tomaten-Tagliatelle mit Pecorino

Für 1 Person

- 25 g Hartweizen- oder 35 g Vollkorn-Tagliatelle
- Salz, Pfeffer
- 1 Knoblauchzehe
- 150 g Kirschtomaten
- 2 Frühlingszwiebeln
- 1 EL Olivenöl
- 30 g schwarze Oliven
- 30 g geriebener Pecorino
- 2 Stiele Petersilie

1 Nudeln in kochendem Salzwasser nach Packungsangabe bissfest kochen, dann abgießen und kurz abtropfen lassen.

2 Inzwischen Knoblauchzehe abziehen und hacken. Tomaten waschen und hal-

bieren. Frühlingszwiebeln waschen, putzen und in feine Stücke schneiden.

3 Öl in einer Pfanne erhitzen, Knoblauch kurz anbraten. Tomaten und Oliven dazugeben, 2–3 Minuten dünsten. Nudeln und Frühlingszwiebeln dazugeben, 1 Minute garen. Mit Salz und Pfeffer würzen. Pecorino und abgezupfte Petersilienblätter daraufstreuen.

Variante: Noch kräftiger schmeckt's, wenn Sie die Pasta mit zerbröseltem Feta statt mit Pecorino servieren.

rustikal

Grüne-Bohnen-Pfanne mit Räuchertofu

Für 1 Person

- 150 g grüne Bohnen
- 2 kleine, festkochende Kartoffeln (ca. 80 g)
- Salz
- 1 kleine rote Zwiebel
- 125 g Räuchertofu
- 1 EL Olivenöl
- 2 Stiele Bohnenkraut
- 75 g Kirschtomaten
- Pfeffer
- 1 EL Zitronensaft
- 1 EL saure Sahne

1 Bohnen waschen, putzen und halbieren. Kartoffeln schälen und längs vierteln. Zusammen in kochendem Salzwasser 10 Minuten garen, dann abgießen und abtropfen lassen.

2 Inzwischen die Zwiebel abziehen und fein hacken. Tofu würfeln. Das Öl in einer Pfanne erhitzen, Zwiebel darin glasig dünsten. Tofu dazugeben und bei mittlerer Hitze 5 Minuten mitbraten. Bohnen, Kartoffeln und Bohnenkraut in die Pfanne geben und das Ganze 5 Minuten unter gelegentlichem Wenden weiterbraten.

3 Tomaten waschen, halbieren oder vierteln, dazugeben, 2–3 Minuten mitbraten. Mit Salz, Pfeffer und Zitronensaft würzen und mit saurer Sahne anrichten.

Variante: Für einen mediterranen Touch statt Tofu 100 g Feta zerbröckeln und auf die Bohnen-Kartoffel-Pfanne streuen.

italienisch inspiriert

Gemüsesuppe mit weißen Bohnen

Für 1 Person
- 100 g TK-Brokkoli
- 1 kleine Möhre
- 1 Tomate (ca. 100 g)
- 1 kleine Zwiebel
- 4 Zweige Thymian
- 1 EL Olivenöl
- 3/8 l Gemüsebrühe
- Salz, Pfeffer
- 125 g weiße Bohnen (Dose)
- einige Basilikumblätter

1 Brokkoli 10 Minuten antauen lassen, dann klein schneiden. Möhre schälen und in dünne Scheiben schneiden. Tomate vierteln, entkernen und würfeln. Zwiebel abziehen und fein hacken. Thymian abbrausen, Blättchen abstreifen.

2 Olivenöl erhitzen, Zwiebel darin glasig dünsten. Möhre und Brokkoli dazugeben, 2 Minuten mitdünsten. Mit der Brühe ablöschen, aufkochen. Tomate, Bohnen und Thymian dazugeben, salzen und pfeffern und alles zugedeckt 10 Minuten bei mittlerer Hitze garen.

3 Bohnen abgießen, abbrausen und abtropfen lassen. 5 Minuten vor Ende der Garzeit in die Suppe geben, erhitzen. Basilikumblätter obendrauf streuen.

tipp

Nach Belieben die Suppe mit 1 TL Pesto (selbst gemacht oder gekauft) würzen.

aus dem Ofen

Rosmarin-Hähnchen auf Fenchel

Für 1 Person

- 1 Fenchelknolle (ca. 300 g)
- Salz
- Pfeffer
- 1 Hähnchenbrustfilet (ca. 150 g)
- 1 Knoblauchzehe
- 1 Rosmarinzweig
- 150 g ml Hühnerfond oder -brühe
- 1 EL Olivenöl
- 2 kleine Kartoffeln (ca. 80 g)
- 100 g kleine Strauchtomaten

1 Den Backofen auf 220° (bei Umluft 200°) vorheizen. Die Fenchelknolle putzen, waschen und in 1 Zentimeter dicke Scheiben schneiden. Auf dem Boden einer kleinen ofenfesten Form verteilen, salzen und pfeffern.

2 Hähnchenfilet waschen, trockentupfen, salzen und pfeffern, auf den Fenchel legen.

3 Knoblauchzehe schälen und in Scheiben schneiden, Rosmarin abbrausen, die Nadeln abstreifen, zusammen dazugeben. Fond oder Brühe und Olivenöl verrühren, darüberträufeln. Im heißen Ofen (2. Schiene von unten) 25–30 Minuten garen.

3 Inzwischen die Kartoffeln waschen, in Salzwasser 20 Minuten kochen, dann abgießen und pellen. Tomaten waschen, halbieren und 5 Minuten vor Ende der Garzeit zum Hähnchen geben. Alles zusammen servieren.

tipp für stufe 2

Das Gemüse-Hähnchen-Gratin ohne Pellkartoffeln servieren.

mediterran

Rotbarbenfilets auf Gemüse-Bulgur

Für 1 Person

- 130 g Rotbarbenfilets (mit Haut; frisch oder tiefgekühlt und aufgetaut)
- Salz, Pfeffer
- 1 EL Zitronensaft
- 1 kleine Zwiebel
- 100 g Zucchini
- ½ rote Paprikaschote
- 1 ½ EL Olivenöl
- 25 g Bulgur
- 75 ml Gemüsebrühe
- 1 EL gehackte Petersilie

1 Die Rotbarbenfilets abbrausen, trockentupfen, mit Salz, Pfeffer und Zitronensaft würzen. Zwiebel schälen und hacken. Zucchini und Paprikaschote waschen, putzen und klein würfeln.

2 Für das Gemüse 1 EL Öl erhitzen und die Zwiebel darin andünsten. Das Gemüse und den Bulgur dazugeben, kurz anrösten, mit der Brühe ablöschen. Aufkochen, zugedeckt bei milder Hitze 10 Minuten garen. Mit Salz und Pfeffer würzen.

3 Inzwischen das übrige Öl in einer Pfanne erhitzen, Fischfilets bei mittlerer Hitze zuerst auf der Hautseite 2 Minuten braten, wenden und in 2 Minuten fertig braten. Fisch mit dem Gemüse-Bulgur anrichten, mit Petersilie bestreuen.

Variante: Auch mit 30 g Parboiled-Naturreis oder Zartweizen statt Bulgur wird das gebratene Fischfilet zu einem lecker-leichten Genuss.

asiatisch

Putenspieße mit Sesam-Sojanudeln

Für 1 Person

- 100 g Putenbrustfilet
- 1 Bio-Minigurke (ca. 100 g)
- 1 kleine rote Paprikaschote
- Salz, Pfeffer
- 40 g Sojanudeln
- 1 haselnussgroßes Stück Ingwer
- je 1 EL Öl, Sesam, Sojasauce
- 2 Schaschlick- oder Holzspieße

1. Putenfilet abbrausen, trockentupfen und 2 cm groß würfeln. Gurke gut waschen, abtrocknen und in 1 cm dicke Scheiben schneiden. Paprikaschote waschen, putzen, entkernen und in Stücke schneiden. Fleisch und Gemüse abwechselnd auf die Spieße stecken, rundherum mit Salz und Pfeffer würzen.
2. Nudeln nach Packungsangabe in Salzwasser garen, abgießen und abtropfen lassen. Ingwer schälen und fein würfeln.
3. In der Pfanne das Öl erhitzen, Spieße bei mittlerer Hitze in 10 Minuten goldbraun braten. Spieße herausnehmen und warm halten. Nudeln, Ingwer und Sesam 2–3 Minuten darin schwenken, mit Sojasauce und Pfeffer würzen. Zu den Geflügelspießen servieren.

Top-Eiweißquelle

Pilz-Fusilli

Für 1 Person

- 200 g gemischte Pilze (z. B. Austernpilze, Pfifferlinge, Champignons)
- 25 g Hartweizen- oder 35 g Vollkorn-Fusilli
- Salz, Pfeffer
- 1 kleine Zwiebel
- 1 Knoblauchzehe
- 1 EL Olivenöl
- 50 ml Sojacreme (Tetrapak)
- frisch geriebene Muskatnuss
- 1 EL Schnittlauchröllchen

1. Die Pilze putzen, abreiben und je nach Größe vierteln oder halbieren. Nudeln nach Packungsangabe in Salzwasser bissfest kochen.
2. Zwiebel und Knoblauchzehe schälen und fein würfeln. Öl erhitzen, Zwiebel und Knoblauch darin glasig dünsten. Pilze dazugeben, unter Rühren 2-3 Minuten braten. 5 EL Nudelkochwasser und Sojacreme dazugießen, 1 Minute kochen lassen. Mit Salz, Pfeffer und Muskat würzen.
3. Nudeln abgießen, kurz abtropfen lassen und mit der Pilzsauce mischen. Mit Schnittlauch bestreuen.

thailändisch-scharf

Fisch-Spinat-Curry

Für 1 Person

- 125 g TK-Blattspinat
- 1 kleiner Zucchino (ca. 125 g)
- 150 g Seelachsfilet
- 1 EL Limettensaft
- 5 EL Gemüsebrühe
- 100 ml ungesüßte Kokosmilch (Dose)
- 2 TL grüne Currypaste (Asiaregal)
- 30 g Parboiled-Naturreis
- Salz, Pfeffer

1 Spinat antauen lassen. Zucchino waschen, putzen, längs halbieren und in Scheiben schneiden. Fischfilet abbrausen, trockentupfen und in mundgerechte Stücke schneiden. Mit Limettensaft beträufeln.

2 Brühe und Kokosmilch mit der Currypaste verrühren und aufkochen. Spinat dazugeben und alles 6–8 Minuten garen, dabei gelegentlich umrühren. Zucchini und Fischstücke hinzufügen, noch 6 Minuten mitgaren.

3 Inzwischen den Reis nach Packungsangabe in wenig Salzwasser in 8–10 Minuten gar kochen. Fisch-Spinat-Curry mit Salz und Pfeffer abschmecken, mit dem Reis servieren.

Variante: Statt Seelachs kann man auch Pangasius-, Viktoriabarsch- oder Kabeljaufilet für das Curry nehmen.

fein für sonntags

Kaninchen mit Zwiebeln

Für 1 Person

- 2 Kaninchenrückenfilets (ca. 140 g)
- Salz, Pfeffer
- ½ TL edelsüßes Paprikapulver
- 120 g Schalotten
- 3 Backpflaumen (ca. 20 g)
- 25 g Hartweizen- oder 35 g Vollkorn-Penne
- 1 EL Olivenöl
- 100 ml Hühnerfond (Glas)
- ¼ TL abgeriebene Bio-Zitronenschale
- 1 EL gehackte Petersilie

1 Kaninchenfilets waschen, trockentupfen und in 2 cm große Stücke schneiden. Mit Salz, Pfeffer und Paprikapulver

würzen. Schalotten abziehen und halbieren oder vierteln. Backpflaumen halbieren. Nudeln in kochendem Salzwasser nach Packungsangabe bissfest garen.

2 Inzwischen das Öl in einer Pfanne erhitzen, Fleisch darin bei starker Hitze 5 Minuten rundum anbraten, herausnehmen. Schalotten im heißen Bratfett bei mittlerer Hitze in 3–4 Minuten hellbraun braten. Mit dem Fond auffüllen, alles offen in 3–4 Minuten sämig einkochen lassen. Fleisch und Pflaumen dazugeben, in 2–3 Minuten bei milder Hitze fertig garen. Nudeln abgießen und unterheben. Mit Salz, Pfeffer und Zitronenschale abschmecken. Petersilie aufstreuen.

tipp

Statt Nudeln können auch 30 g Parboiled-Naturreis das Kaninchengericht ergänzen.

Omega-3-Quelle

Mangold-Dorade in Folie

Für 1 Person

- 200 g Mangold
- 75 g Egerlinge
- 1 kleine rote Zwiebel
- 1 küchenfertige Meerbrasse (300–350 g)
- Salz, Pfeffer
- 1 EL Olivenöl
- 2 Scheiben Walnuss-Vollkornbrot (40 g)
- Alufolie, Olivenöl zum Einfetten

1 Mangold waschen und putzen, die Stiele in Scheiben, die Blätter in Streifen schneiden. Pilze putzen, abreiben und in dünne Scheiben schneiden. Zwiebel abziehen und würfeln. Die Brasse innen und außen waschen, trockentupfen, salzen und pfeffern.

2 Den Backofen auf 200° (Umluft 180°) vorheizen. Öl in einer Pfanne erhitzen, Zwiebel andünsten. Mangoldstiele und Pilze dazugeben, 2–3 Minuten mitdünsten. Mangoldblätter untermischen, würzen.

3 Ein großes Stück Alufolie einölen, Gemüse darauf verteilen. Brasse obendrauf legen, Folie über dem Fisch und an den Seiten einschlagen, sodass ein Päckchen entsteht. Im Ofen (Mitte) 20 Minuten dünsten. Das Walnussbrot dazu servieren.

Variante: Preiswerter, aber ebenso gut ist eine kleine Forelle statt der Dorade.

tipp für stufe 2

Das Gericht ohne Brot genießen.

Klassiker auf neue Art

Ratatouille mit Lammlende

Für 1 Person

- ½ Aubergine (ca. 130 g)
- ½ Zucchino (ca. 80 g)
- 1 große Tomate
- 1 kleine Zwiebel
- 1 kleine Knoblauchzehe
- 1 ½ EL Olivenöl
- Salz, Pfeffer
- 1 TL Kräuter der Provence
- 100 ml Gemüsebrühe
- 120 g Lammlende
- 125 g Kichererbsen (Dose)

1 Aubergine, Zucchino und Tomate waschen, putzen und würfeln. Zwiebel abziehen und fein hacken, Knoblauch pellen und zerdrücken. 1 EL Öl erhitzen, Zwiebel und Gemüse darin 3 Minuten andünsten. Mit Knoblauch, Salz, Pfeffer und Kräutern der Provence würzen. Brühe dazugießen, zugedeckt bei mittlerer Hitze 10 Minuten schmoren.

2 Inzwischen das Fleisch waschen, trockentupfen, rundherum salzen und pfeffern. Das übrige Öl erhitzen, Fleisch darin bei starker Hitze 2–3 Minuten anbraten, bei mittlerer Hitze 5 Minuten weiterbraten. In Alufolie wickeln und 5 Minuten ruhen lassen.

3 Kichererbsen abgießen, abbrausen und gut abtropfen lassen. Unter das

Gemüse mischen, 2–3 Minuten mit erhitzen. Lammlende schräg in Scheiben schneiden, mit dem Gemüse anrichten.

tipp für stufe 2

Die Kichererbsen weglassen, Gemüse und Fleisch ohne Beilage servieren.

auf sanfte Tour gegart

Gedämpfter Rotbarsch mit Gemüse

Für 1 Person

- 150 g Bio-Rotbarschfilet
- 4 Stiele Dill
- Salz, Pfeffer
- 2 kleine festkochende Kartoffeln (ca. 80 g)
- ½ dünne Stange Lauch
- 1 Möhre
- 1 Stück Sellerie (ca. 100 g)
- 2 Bio-Zitronenscheiben
- 1 EL Olivenöl

1. Das Fischfilet waschen und trockentupfen. Dill abbrausen, abzupfen und hacken. Fisch auf beiden Seiten salzen und pfeffern und in dem Dill wenden.
2. Kartoffeln schälen, waschen und würfeln. In einem breiten Topf (mit passendem Dämpfeinsatz) in Salzwasser 10 Minuten vorkochen.
3. Inzwischen Lauch, Möhre und Sellerie waschen und putzen oder schälen und in sehr feine Streifen (Julienne) schneiden. In einen Dämpfeinsatz legen, leicht salzen und pfeffern. Fisch auf das Gemüse legen, die Zitronenscheiben außen herum. Dämpfeinsatz in den Topf über die vorgekochten Kartoffeln einhängen und zugedeckt bei mittlerer Hitze 15 Minuten dämpfen. Kartoffeln, Gemüse und Fisch zusammen anrichten, mit dem Olivenöl beträufeln.

tipp für stufe 2

Fisch und Gemüse ohne Kartoffeln zubereiten – so sparen Sie außerdem noch Zeit.

kleine naschereien

Und noch mehr, was uns das Leben versüßt: kleine Naschereien der Stufe 3. Dem einen reicht der Erdbeer-Kiwi-Salat als kleine Mahlzeit, der andere genießt die gelbe Grütze mit Zimt-Joghurt als Krönung eines Menüs. Egal ob Kokosquark mit Trauben oder Papaya in Weingelee – der Gaumen freut sich. Der Körper auch.

frisch und fruchtig

Erdbeer-Kiwi-Salat

Für 1 Person

- 1 TL flüssiger Akazienhonig
- 1 TL Limettensaft
- 125 g Erdbeeren
- ½ reife Kiwi
- 4 Blätter Zitronenmelisse
- 2 Vollkornkekse (ca. 10 g)

1. Honig und Limettensaft verrühren. Erdbeeren waschen, putzen und längs vierteln oder halbieren. Kiwi schälen und längs in Spalten schneiden. Die Früchte mit dem Limettenhonig und den Zitronenmelisseblättchen in einer Schüssel mischen, 10 Minuten marinieren.
2. Die Kekse zerbröseln und obendrauf streuen.

Variante: Außerhalb der Saison die Erdbeeren gegen 1 Mandarine, 2 Feigen oder 1 große blaue Pflaume tauschen.

erfrischend

Melonen-Joghurt-Dessert

Für 1 Person

- 150 g Galia- oder Cantaloupmelone
- 2 TL gehackte Pistazien
- 2 TL Pinienkerne
- 100 g Joghurt (3,5 %)
- 1 TL flüssiger Akazienhonig
- ¼ TL Zimtpulver
- 2 TL Saft und etwas abgeriebene Schale von 1 Bio-Orange
- einige Minzeblätter

1. Die Melone entkernen, schälen und in dünne Spalten schneiden. Auf einem großen Teller anrichten. Pistazien und Pinienkerne in einer Pfanne ohne Fett anrösten, abkühlen lassen.
2. Joghurt mit Honig, Zimt, Orangensaft und -schale verrühren, teilweise über die Melone geben und mit den gerösteten Kernen bestreuen. Mit den Minzeblättchen garnieren.

tipp

Ein EL kernige Haferflocken obendrauf macht das Melonen-Joghurt-Dessert zum Luxus-(Kohlenhydrat-)frühstück.

auch für Gäste

Papaya in Weingelee

Für 2 Personen

- ½ reife Papaya (ca. 175 g)
- 50 g Erdbeeren
- 2 EL Limettensaft
- 1 ½ Blatt weiße Gelatine
- 50 ml trockener Weißwein
- 1 EL Agavendicksaft
- 2 EL Joghurt (3,5 %)

1. Die Papaya entkernen, schälen und in Spalten schneiden. Erdbeeren abbrausen, grüne Kelchblätter entfernen, Beeren in Scheiben schneiden. Früchte dekorativ auf 2 Tellern auslegen und mit je 1 EL Limettensaft beträufeln.
2. Gelatine in kaltem Wasser 5 Minuten einweichen. Wein und 50 ml Wasser erhitzen, aber nicht kochen lassen. Gelatine ausdrücken und in dem Wein auflösen, mit dem Agavendicksaft süßen.
3. Die Mischung vorsichtig über die Früchte gießen und im Kühlschrank in 1–2 Stunden fest werden lassen. Mit je 1 EL Joghurt servieren.

Variante: Statt der Papaya zur Abwechslung ½ reife Mango für das Dessert verwenden.

aromatisch

Ananas-Carpaccio

Für 2 Personen

- 1 Baby-Ananas (ca. 350 g)
- 2 TL Agavendicksaft
- 2 TL Limettensaft
- 3 Minzezweige
- 2 EL saure Sahne

1 Die Ananas von den Enden befreien, schälen, halbieren und den Strunk entfernen. Fruchtfleisch (ca. 150 g) in sehr dünne Scheiben schneiden, auf 2 Tellern auslegen. Mit je 1 TL Agavendicksaft und Limettensaft beträufeln.

2 Die Blätter von den Minzezweigen abzupfen und daraufstreuen. Je 1 EL saure Sahne obendrauf geben.

tipp

Nach Belieben noch 1 EL gehackte und geröstete Cashewkerne auf die Ananas streuen.

ratzfatz fertig

Exotisches Blitz-Buttermilch-Eis

Für 4 Personen à 50 g

- 125 g TK-Tropenfrüchte
- 3 EL Orangensaft
- 50 ml Buttermilch
- 4 TL Kokosraspel

1 Die Früchte in eine hohe Rührschüssel geben, 10 Minuten antauen lassen.
2 Mit dem Orangensaft und der Buttermilch so lange pürieren, bis eine glatte Eismasse entstanden ist. Kugeln abstechen und mit je 1 TL Kokosraspel bestreuen.

tipp

Das Eis gleich in der doppelten Menge zubereiten und im Gefrierfach aufbewahren. So haben Sie jederzeit eine kleine Nascherei parat.

leicht säuerlich

Kefirsülze mit Blaubeeren

Für 2 Personen

- 2 Blatt Gelatine
- ½ Vanilleschote
- 100 ml Milch (1,5 %)
- 1 EL flüssiger Akazienhonig
- 300 ml Kefir
- 1 EL Saft und etwas abgeriebene Schale von 1 Biozitrone
- 80 g Blaubeeren
- 80 ml schwarzer Johannisbeersaft
- 1 g pflanzliches Bindemittel (Reformhaus)

1 Die Gelatine in kaltem Wasser 5 Minuten einweichen. Vanilleschote aufschlitzen, das Mark herauskratzen. Vanillemark und -schote mit der Milch und dem Honig aufkochen. Vom Herd nehmen, Vanilleschote entfernen, 5 EL Kefir unterrühren. Die Gelatine ausdrücken und in dem Kefir auflösen.

2 Übrigen Kefir dazugeben, mit Zitronensaft und -schale würzen. Masse auf 2 Gläser verteilen, kalt stellen und in 1–2 Stunden fest werden lassen.

3 Inzwischen die Blaubeeren in dem Saft einmal aufkochen lassen, Bindemittel einrühren und die Masse andicken lassen. Blaubeeren abkühlen lassen, auf der Kefirsülze verteilen.

Variante: Auch fein: Kefir durch Buttermilch ersetzen und statt Blaubeeren frische Himbeeren nehmen.

beerenstark

Beeren-Schichtspeise

Für 1 Person

- 125 g gemischte TK-Beeren
- 2–3 Vollkorn-Zimt-Kekse (ca. 15 g)
- 125 g Magerquark
- 2 TL Zitronensaft
- 2 EL Mineralwasser
- 2 TL flüssiger Akazienhonig
- 2 TL gehackte Haselnüsse

1 Die Beeren 20 Minuten antauen lassen. Die Kekse grob hacken. Quark mit Zitronensaft, Mineralwasser und dem Honig verrühren.

2 Beeren, Kekse, Quark und Nüsse abwechselnd in ein Glas schichten.

tipp

Das Dessert eignet sich prima für Gäste. Einfach die Mengen entsprechend der Personenzahl erhöhen, die Süßspeise vorbereiten und kalt stellen.

crossover

Kokosquark mit Trauben

Für 1 Person

- 2 TL Kokosraspel
- 100 g blaue Weintrauben
- 100 g Magerquark
- 2 EL ungesüßte Kokosmilch (Dose)
- 1 TL flüssiger Akazienhonig

1. Die Kokosraspel in einer Pfanne ohne Fett goldbraun rösten. Vom Herd nehmen und abkühlen lassen.
2. Trauben waschen, halbieren und eventuell entkernen. Quark mit der Kokosmilch und dem Honig verrühren. Trauben locker unterheben, mit Kokosraspel bestreuen.

tipp für Stufe 2

Die Weintrauben durch Erdbeeren oder Brombeeren ersetzen.

Klassiker mal anders

Gelbe Grütze mit Zimt-Joghurt

Für 2 Personen

- 125 g Aprikosen
- 1 kleine Nektarine
- 125 g Cantaloupmelone
- 100 ml Orangensaft

- 1 EL Zitronensaft
- 1 Zimtstange
- 2 TL brauner Rohrzucker
- 3 TL Apfelpektin (Reformhaus)
- 100 g Joghurt (3,5 %)
- 2 EL geschlagene süße Sahne
- ½ TL Zimtpulver

1 Die Aprikosen und die Nektarine gut abwaschen, halbieren, entsteinen und in schmale Spalten schneiden. Die Melone schälen, entkernen und fein würfeln.

2 Den Orangensaft mit 100 ml Wasser, dem Zitronensaft, der Zimtstange und dem Zucker und dem Apfelpektin in einem Topf verrühren und kurz aufkochen lassen. Das vorbereitete Obst dazugeben, noch einmal kurz aufkochen und dann bei mittlerer Hitze noch 2 Minuten kochen lassen. Grütze in eine Schüssel füllen und 2 Stunden abkühlen lassen.

3 Vor dem Servieren den Joghurt mit der Sahne und dem Zimt verrühren, zur Grütze servieren.

tipp

Ob fürs Partybufett oder Gartenfest – die gelbe Grütze eignet sich ideal als Dessert für viele Gäste.

würzig

Preiselbeer-Pumpernickel-Dessert

Für 1 Person

- 1 Scheibe Pumpernickel (40 g)
- 1 EL Orangensaft
- ½ Eiweiß
- 100 g Magerquark
- 1 TL flüssiger Akazienhonig
- 10 g Bitterschokolade (mind. 70 % Kakaoanteil)
- 2 EL Dunst-Preiselbeeren (Glas; Reformhaus)

1 Pumpernickel klein würfeln und mit dem Orangensaft tränken. Das Eiweiß steif schlagen. Den Quark mit dem Honig verrühren, Eischnee unterheben. Schokolade grob hacken.

2 Pumpernickel, Quark, abgetropfte Preiselbeeren und Schokolade abwechselnd in ein Glas schichten.

tipp

Besonders saftig wird das Dessert, wenn Sie es 1–2 Stunden vorher zubereiten und im Kühlschrank durchziehen lassen.

für Süßschnäbel

Orangen-Banane

Für 1 Person

- ½ feste Banane (ca. 80 g)
- 1 TL Erdnussöl
- ½ Vanilleschote
- ½ TL Ahornsirup
- 3 EL Orangensaft
- 1 TL Kokosraspel

1 Die Banane schälen, längs halbieren und in dem Öl in einer kleinen Pfanne rundherum leicht anbraten. Das Mark der Vanilleschote auskratzen, Vanillemark und -schote, Ahornsirup und Orangensaft dazugeben, aufkochen und 2 Minuten bei milder Hitze kochen lassen.

2 Die Bananenhälften einmal wenden, anrichten und mit dem Orangensud beträufeln. Die Kokosraspel daraufstreuen.

Variante: Statt mit Kokosraspel die Banane mit Kakaopulver bestäuben.

italienisch inspiriert

Himbeer-Bruschetta

Für 1 Person

- 2 Scheiben Vollkornbaguette (à 20 g)
- 2 EL Ricotta
- 2 TL flüssiger Akazienhonig
- 1 TL Saft und ½ TL Schale von 1 Biozitrone
- 50 g Himbeeren

1 Die Baguettescheiben in einer Pfanne ohne Fett in 5 Minuten auf beiden Seiten goldbraun rösten, herausnehmen.

2 Ricotta, 1 TL Honig, Zitronensaft und -schale verrühren. Auf die Baguettescheiben streichen, mit den Himbeeren belegen und mit dem übrigen Honig beträufeln.

auch fürs Frühstück

Kokos-Bulgur mit Himbeeren

Für 1 Person

- 3 EL ungesüßte Kokosmilch (Dose)
- 3 EL Milch (1,5 %)
- 30 g Bulgur
- 1 TL flüssiger Akazienhonig
- 100 g Himbeeren

1 Kokosmilch und Milch in einem Topf zum Kochen bringen. Bulgur dazugeben und aufkochen lassen. Abgedeckt 10 Minuten bei milder Hitze ausquellen lassen.

2 Honig unterrühren. Himbeeren abbrausen, verlesen und mit dem etwas abgekühlten Bulgur abwechselnd in eine Schale füllen.

Variante: Couscous, der feinere Weizengrieß, kann im Dessert den gröberen Bulgur ersetzen.

gut gekühlt servieren

Mango-Kaltschale

Für 1 Person

- ½ reife Mango (ohne Stein)
- 2 TL Agavendicksaft
- 150 ml Buttermilch
- 30 g Heidelbeeren
- 1 TL gehackte Pistazien

1 Mango schälen und in kleine Würfel schneiden. ⅓ davon beiseitelegen, den Rest mit dem Agavendicksaft und der Buttermilch glatt pürieren. Püree in einen tiefen Teller füllen.

2 Heidelbeeren kurz abbrausen und verlesen, mit den übrigen Mangowürfeln auf die Suppe geben. Mit den Pistazien bestreuen.

tipp

Für einen eiskalten Genuss 2–3 Eiswürfel zerstoßen und in die Suppe geben.

kleiner, kluger vorrat

Kochen Sie, wenn Sie Zeit haben, für Zeiten, in denen die Zeit fehlt. Wer gut vorbereitet ist, steht nicht plötzlich mit knurrendem Magen vor der Ravioli-Dose oder dem McDonald's. Beide sind dann nämlich stärker als der Wille. Viel besser, man zaubert eine Gemüsesauce aus der Tiefkühltruhe oder öffnet ein Antipasti-Glas. Herrlich gesunde Knabbereien: Mixed Pickles. Köstlich aufs Luxus-Roggenschnittchen: getrocknete Tomaten oder roter Fruchtaufstrich.

Multitalent

Tomatensauce

Ergibt 2 Gläser à 3/8 l
Für 4 Portionen

- 800 g reife Tomaten
- 2 Zwiebeln
- 1 Knoblauchzehe
- 2 EL Olivenöl
- 1 EL Tomatenmark
- 1/8 l Gemüsebrühe
- 1 TL rosenscharfes Paprikapulver
- 1 TL getrocknete ital. Kräuter
- Salz, Pfeffer

1 Die Tomaten mit kochend heißem Wasser überbrühen, kurz ziehen lassen, dann abschrecken, häuten, halbieren und entkernen. Tomatenfleisch in kleine

Würfel schneiden. Zwiebeln und Knoblauch abziehen und fein würfeln.

2 Das Öl in einem Schmortopf erhitzen, Zwiebel und Knoblauch darin glasig dünsten. Tomaten und Tomatenmark einrühren, kurz anschwitzen. Brühe dazugießen, mit Paprikapulver, Kräutern, Salz und Pfeffer würzen. Bei milder Hitze ohne Deckel unter gelegentlichem Rühren in 30 Minuten dicklich einkochen lassen.

3 Das Sauce noch mal abschmecken, heiß in saubere Schraubgläser füllen und gut verschließen. Hält sich im Kühlschrank 2 Wochen. Nach dem Öffnen zügig verbrauchen.

Varianten: Ein bisschen Schärfe gefällig? Dann dünsten Sie mit Zwiebel und Knoblauch noch 1 rote Chilischote, entkernt und fein gehackt, an. Für eine orientalische Note die Sauce mit 1 TL gemahlenem Kreuzkümmel und 1 Prise Zimt abwandeln.

tipp

Die Sauce schmeckt zu Nudeln oder Reis, zu gegrilltem oder gebratenem Fleisch und Fisch. Sie kann als Basis für Suppe, Eintopf oder Nudelauflauf verwendet werden. Im Winter statt der frischen, aromatischen Tomaten 800 g stückige Tomaten aus Dose oder Tetrapak nehmen.

smoothie

Grapefruit-Himbeer-Püree

Ergibt ca. 600 ml
Für 8 Portionen à 75 ml

- 100 g TK-Himbeeren
- 2 rosa Grapefruits
- 1 EL Limettensaft
- 1 TL flüssiger Akazienhonig
- 100 ml Sanddorn- oder Acerolasaft (Reformhaus)

1 Die Himbeeren antauen lassen. Die Grapefruits samt der weißen Haut schälen. Die Filets zwischen den Trennwänden herausschneiden, den Saft auffangen.

2 Grapefruitfilets und -saft mit dem Limettensaft, Honig und Saft in den Mixer geben. Alles in 10 Sekunden glatt pürieren. Fruchtpüree in eine kleine Flasche oder Twist-Off-Glas füllen und im Kühlschrank 3–4 Tage aufbewahren.

tipp

Für 1 Drink eine Portion Fruchtpüree (75 ml) in ein Glas geben und nach Belieben mit Kefir, Buttermilch, Sojadrink oder Trinkmolke auffüllen. Oder das Püree unter Quark, Joghurt oder Ricotta mischen.

Gemüsesauce

Für 4 Portionen

- 1 Aubergine (ca. 250 g)
- 1 gelbe Paprikaschote
- 2 große Fleischtomaten
- 1 Zwiebel
- 1 Knoblauchzehe
- 3 EL Olivenöl
- 2 EL Tomatenmark
- Salz, Pfeffer
- 4 Stangen Staudensellerie
- 1–2 TL getrockneter Oregano

1 Die Aubergine waschen, putzen und in feine Würfel schneiden. Paprikaschote halbieren, Stiele und Trennwände entfernen, Hälften waschen und ebenfalls in kleine Würfel schneiden. Tomaten waschen, vom Blütenansatz befreien, vierteln und entkernen, das Fruchtfleisch in kleine Würfel schneiden. Zwiebel abziehen und fein würfeln. Knoblauch schälen.

2 Das Öl in einem breiten Topf erhitzen, die Auberginen darin scharf anbraten. Zwiebel, Paprika und zerdrückte Knoblauchzehe dazugeben, unter Rühren 2–3 Minuten mitbraten. Tomatenmark einrühren, kurz anschwitzen, mit Salz und Pfeffer würzen. Tomaten und 100 ml Wasser hinzufügen, alles zugedeckt bei mittlerer Hitze 10 Minuten dünsten.

3 Inzwischen den Staudensellerie waschen, putzen und in dünne Scheiben

schneiden. Zusammen mit dem Oregano in die Sauce geben und zugedeckt noch einmal 10 Minuten schmoren. Die Sauce mit Salz und Pfeffer abschmecken, portionsweise in gefrierbeständige Gefäße abfüllen und nach dem Abkühlen einfrieren.

Variante: Für einen pikanten Touch die Sauce mit 1 EL Kapern und 1–2 TL Aceto balsamico abschmecken.

tipp

Die Gemüsesauce schmeckt zu Röhrennudeln wie Rigatoni, Tortiglioni oder Penne prima, aber auch Naturreis, Bulgur oder Couscous sind ideale Begleiter.

wandelbar

Vinaigrette Grundrezept

Für 4 Portionen à 3 EL

- 2 EL Essig (z. B. Weißwein-, Rotwein- oder Kräuteressig)
- 6 EL Gemüsebrühe
- Salz, Pfeffer
- 3 EL Öl (z. B. Oliven-, Raps- oder Erdnussöl)
- 1 TL Weizenkeimöl
- 1 TL Leinöl

1. Den Essig mit der Brühe, ½ TL Salz und Pfeffer verrühren. Öl, Weizenkeim- und Leinöl dazugeben und alles kräftig zu einer leicht cremigen Sauce verrühren.
2. Die Vinaigrette in ein kleines Twist-Off-Glas füllen und im Kühlschrank bis zu 10 Tage lang aufbewahren.

Varianten: Für eine Rucola-Vinaigrette 30 g fein gehackten Rucola und 2 fein gewürfelte Schalotten unterrühren.

Für ein italienisches Dressing 1 getrocknete und fein gewürfelte Tomate sowie die fein gehackten Blättchen von 2 Oreganostielen unterheben.

Für eine Senf-Vinaigrette die Sauce mit 1 TL scharfer Senf cremig rühren, 1 EL Schnittlauchröllchen untermischen.

tipp für stufe 3

Wer mag, kann die Vinaigrette noch mit 1 Teelöffel (7 g) flüssigem Akazienhonig abrunden.

kräuterwürzig

Antipasti-Gemüse

Ergibt 2 Gläser à 500 ml
Für 10 Portionen à 100 g

- 600 g gemischtes Gemüse (Champignons, kleine Zucchini, Paprikaschoten)
- 2 Knoblauchzehen
- 5 schwarze Pfefferkörner
- 1/8 l Weißweinessig
- 2 Lorbeerblätter
- 4 Thymianzweige
- 2 kleine Rosmarinzweige
- 400 ml kalt gepresstes Olivenöl

1 Das Gemüse waschen, putzen und trockentupfen. Champignons halbieren, Zucchini in 1/2 cm dicke Scheiben schneiden. Paprikaschoten in 2 cm große Stücke schneiden.

2 Die Knoblauchzehen abziehen und in dünne Scheiben schneiden, mit den Pfefferkörnern, Essig und 200 ml Wasser aufkochen. Gemüse darin in 2 Portionen bei mittlerer Hitze jeweils 8 Minuten kochen lassen. Mit einer Schaumkelle herausheben, auf Küchenpapier abtropfen und abkühlen lassen. Den Sud durch ein Sieb gießen, Knoblauch und Pfefferkörner beiseitelegen.

3 Gemüse, Knoblauch, Pfefferkörner, Lorbeerblatt, Thymian und Rosmarin in zwei saubere Twist-Off-Gläser schichten. Das Öl lauwarm erhitzen, so viel über das Gemüse gießen, bis der Inhalt fingerbreit mit Öl bedeckt ist. Die Gläser fest verschließen, 3 Tage durchziehen lassen. Die Antipasti halten sich ungeöffnet an einem kühlen, dunklen Ort 3 Monate. Nach dem Öffnen in den Kühlschrank stellen und innerhalb von 2 Wochen verbrauchen.

must have

Basilikum-Pesto

Ergibt 1 Glas 200 ml
Für 5 Portionen à 40 g (2 EL)

- 20 g Pinienkerne
- 100 g Basilikum
- 1–2 TL Meersalz
- 100 ml kalt gepresstes Olivenöl
- 20 g geriebener Parmesan
- schwarzer Pfeffer
- Olivenöl zum Beträufeln

1 Die Pinienkerne in einer Pfanne ohne Fett goldbraun rösten. Vom Herd nehmen und etwas abkühlen lassen.

2 Basilikumblätter abzupfen, abreiben und grob hacken. Mit 1 TL Salz, Pinienkernen und Öl in eine hohe Rührschüssel geben, alles mit dem Schneidstab fein pürieren. Parmesan unterheben, das Pesto mit wenig Salz und mit Pfeffer würzen.

3 Pesto in ein sauberes Twist-Off-Glas bis 2 cm unter den Rand füllen, glatt streichen und ½ cm hoch mit Olivenöl bedecken. Kühl und dunkel lagern. So hält es sich unangebrochen 10–12 Monate. Nach dem Öffnen im Kühlschrank aufbewahren, immer wieder mit Olivenöl bedecken. Innerhalb von 7–10 Tagen verbrauchen.

Varianten: Für ein Nuss-Pesto die Pinienkerne durch fein geriebene Hasel- oder Walnüsse ersetzen, das Basilikum durch Petersilie. Für ein Bärlauch-Pesto die Pinienkerne gegen Sonnenblumenkerne tauschen, das Basilikum durch frischen Bärlauch. Oder wie wäre es mit einem Asia-Pesto? Dafür je zur Hälfte Koriandergrün und Petersilie mit Erdnuss- oder Cashewkernen kombinieren.

tipp

Das Pesto schmeckt nicht nur zur Pasta, es rundet auch Gemüsesuppen, Quark oder Salatsaucen würzig ab.

wertvoll

Kerniger Mix

Ergibt 100 g
Für 10 Portionen à 1 EL (10 g)

- 40 g Sonnenblumenkerne
- 30 g Kürbiskerne
- 15 g Pinienkerne
- 15 g Sesam

1 Die Kerne in einer trockenen, heißen Pfanne ohne Fett anrösten, bis anfangen zu duften. Vom Herd nehmen und völlig auskühlen lassen.

2 Die Kernmischung in eine Vorratsdose oder ein Twist-Off-Glas füllen, dunkel und kühl aufbewahren. Haltbarkeit: 6–8 Wochen.

leicht scharf und sauer

Mixed Pickles

Ergibt 4 Gläser à 500 ml

- 300 g Blumenkohl
- 1 kleiner Zucchino (ca. 125 g)
- je 1 kleine rote und gelbe Paprikaschote
- 1/2 Gemüsezwiebel
- 2 Knoblauchzehen
- 1 rote Chilischote
- 1 TL schwarze Pfefferkörner
- 2 Lorbeerblätter
- 3/4 l Weinessig
- 3 TL Meersalz

1 Den Blumenkohl waschen, putzen und in Röschen teilen. Zucchino wa-

schen, putzen, längs halbieren und in $\frac{1}{2}$ cm dicke Scheiben schneiden. Paprikaschoten von Stielansatz und Kernen befreien, halbieren, waschen und in 2 cm breite Streifen schneiden. Zwiebel abziehen und in Streifen teilen. Knoblauchzehen schälen und in dünne Scheiben schneiden. Chilischote abspülen, mit Kernen in Ringe schneiden.

2 Gemüse, Zwiebel, Knoblauch, Chili, Pfefferkörner und Lorbeerblätter in 2 saubere Twist-Off-Gläser schichten.

3 Essig, $\frac{1}{2}$ l Wasser und Salz aufkochen, bei mittlerer Hitze 5 Minuten kochen lassen. Sofort über das Gemüse gießen, übrigen Sud aufheben. Gläser rasch verschließen, 5 Minuten auf den Deckel stellen. Gläser umdrehen und abkühlen lassen.

4 Am nächsten Tag den Sud aus den Gläsern und den beiseitegestellten übrigen Sud in einem Topf aufkochen, dann randvoll in die Gläser gießen, diese fest verschließen. Kühl und dunkel aufbewahren. Die Haltbarkeit beträgt ca. 6 Monate.

tipp

Mixed Pickles schmecken pur als Snack zwischendurch, man kann sie aber auch als Beilage zu gegrilltem oder gebratenem Fleisch, zu Hähnchen-, Puten- oder Roastbeefaufschnitt servieren.

gut Ding braucht Weile

Getrocknete Tomaten

Für ca. 80 g

- 1 kg reife Eiertomaten
- 1 TL grobes Meersalz
- frisch gemahlener schwarzer Pfeffer
- 2 TL getrockneter Oregano
- Alufolie für die Backbleche

1 Die Tomaten waschen, Stielansätze herausschneiden, Tomaten längs halbieren oder vierteln und die Kerne entfernen.

2 Den Backofen auf 100° Umluft (120° Ober- und Unterhitze) vorheizen. 2 Backbleche mit Alufolie auslegen, die Tomaten mit der Schnittfläche nach oben darauf verteilen. Mit Salz, Pfeffer und Oregano würzen. Die Tomaten im Ofen (Mitte und 2. Stufe von unten) 2 Stunden trocknen, dabei die Ofentür einen Spalt offen lassen, damit die Feuchtigkeit entweichen kann.

3 Die Tomaten umdrehen und vorsichtig flach drücken, im Ofen bei 100° Umluft 1 weitere Stunde trocknen lassen. Herausnehmen, abkühlen und in luftdichten Dosen mehrere Wochen aufbewahren.

Variante: Die getrockneten Tomaten in sterilisierte Twist-Off-Gläser schichten, mit 200 ml kalt gepresstem Olivenöl bedecken und verschließen.

Roter Fruchtaufstrich

Für 1 Glas 250 ml

- 150 g Himbeeren
- 150 g rote Johannisbeeren
- ½ Vanilleschote
- 50 g flüssiger Akazienhonig

1 Die Himbeeren verlesen, nur wenn nötig abbrausen und vorsichtig trockentupfen. Johannisbeeren waschen und von den Rispen streifen, mit den Himbeeren in eine hohe Rührschüssel geben und fein pürieren.

2 Die Fruchtmasse durch ein feines Sieb streichen, um die Kernchen zu entfernen, dann mit dem ausgekratzten Mark der Vanilleschote und dem Honig gründlich verrühren. Den Aufstrich in ein sauberes Twist-Off-Glas füllen und im Kühlschrank aufbewahren. Hält sich 1 bis 2 Wochen.

Varianten: Auch andere »rote« Fruchtkombinationen sind einen Versuch wert, zum Beispiel Erdbeeren und Sauerkirschen, blaue Pflaumen und rote Stachelbeeren, Brombeeren und Himbeeren.

tipp

Im Winter können Sie statt der frischen Beeren eine angetaute Beerenmischung aus der Tiefkühltruhe verwenden.

tipp für stufe 2: *Den Fruchtaufstrich unter Quark oder Joghurt rühren, einen Obstsalat oder ein Dessert damit süßen.*

leicht und frisch

Zucchini-Minze-Aufstrich

Ergibt 150 g
Für 6 Portionen à 1 EL

- 200 g Zucchini
- 100 ml Gemüsebrühe
- 1–2 EL Apfelessig
- Salz, Pfeffer
- 1 rote Peperoni
- 2 Zweige Minze

1 Die Zucchini waschen, putzen und in ½ cm kleine Würfel schneiden. Die Brühe mit dem Essig, Salz und Pfeffer aufkochen, die Hälfte der Zucchiniwürfel darin 3 Minuten garen, mit einer Schaumkelle herausheben.

2 Die übrigen Zucchiniwürfel in den Sud geben, aufkochen und bei mittlerer Hitze 10–15 Minuten offen kochen lassen, bis die Flüssigkeit fast verdampft ist. Dann die Zucchini glatt pürieren.

3 Inzwischen die Peperoni waschen, putzen und in sehr kleine Würfel schneiden. Minzeblätter abzupfen, abreiben und fein hacken. Mit den Peperoni- und übrigen Zucchiniwürfeln unter das Püree heben, mit Salz und Pfeffer abschmecken. Abkühlen lassen. Der Aufstrich hält sich im Kühlschrank ca. 1 Woche.

mild-würzig

Paprika-Aufstrich

Ergibt ca. 250 g
Für 6 Portionen à 1 EL (40 g)

- 125 g Ricotta
- 1 EL milder oder scharfer Ajvar (Paprikapaste)
- Salz, Pfeffer
- 1 kleine rote Paprikaschote
- 2 Basilikumzweige

1 Ricotta und Ajvar in einer kleinen Schüssel cremig rühren. Mit Salz und Pfeffer würzen. Die Paprikaschote waschen, vierteln und putzen. Die Paprikaviertel in einer Pfanne ohne Fett auf der Hautseite 8–10 Minuten rösten, bis die Haut schwarz wird. Dann die Haut abziehen. Die Paprika in kleine Würfel schneiden. Basilikumblätter abzupfen, abreiben und hacken.

2 Paprikawürfel und Basilikum zur Ricottacreme geben, vermischen und mit Salz und Pfeffer würzen.

Variante: Für einen Gurken-Dill-Aufstrich den Ricotta mit 1 EL saurer Sahne und 2 TL Olivenöl verrühren, salzen und pfeffern. 1 Minigurke schälen, entkernen und winzig klein würfeln. 3 Zweige Dill abzupfen, hacken und unterheben.

der metabolic-power-küchen-plan

Kochen macht Stress? Nicht mit Plan! Einfach kopieren und ankreuzen, was man einkaufen muss.

GEMÜSELADEN

Fruchtgemüse

- ○ Auberginen
- ○ Avocados
- ○ Chilischoten, rot
- ○ Fleischtomaten
- ○ Kirschtomaten
- ○ Minigurken
- ○ Paprikaschoten, rot, gelb und orange
- ○ Peperoni, rot und grün
- ○ Salatgurken
- ○ Spitzpaprika, orange und rot
- ○ Strauchtomaten
- ○ Zucchini

Wurzel-, Kohl-, Knollen- und Zwiebelgemüse

- ○ Brokkoli
- ○ Chinakohl
- ○ Frühlingszwiebeln
- ○ Haushaltszwiebeln
- ○ Ingwer
- ○ Kartoffeln
- ○ Knoblauch
- ○ Knollensellerie
- ○ Kohlrabi
- ○ Lauch
- ○ Möhren
- ○ Petersilienwurzeln
- ○ Radieschen
- ○ Rettich
- ○ rote Zwiebeln
- ○ Schalotten
- ○ Spitzkohl
- ○ weiße Zwiebeln
- ○ Weißkohl

Sprossen- und Blattgemüse

- ○ Blattspinat
- ○ Blumenkohl
- ○ Fenchel
- ○ Mangold
- ○ Mungobohnensprossen
- ○ grüner Spargel
- ○ weißer Spargel
- ○ gem. Sprossen (Linsen, Radieschen, Luzerne)
- ○ Staudensellerie

Hülsenfrüchte

- ○ grüne Bohnen
- ○ Zuckerschoten

Pilze

- ○ Austernpilze
- ○ Champignons
- ○ Egerlinge
- ○ Pfifferlinge

Salate

- ○ Chicorée
- ○ Eichblattsalat

- ○ Feldsalat
- ○ Friséesalat
- ○ Kopfsalat
- ○ Lollo rosso
- ○ Radicchio
- ○ Romanasalat
- ○ Römersalatherz
- ○ Rucola

Kräuter

- ○ Basilikum
- ○ Bohnenkraut
- ○ Dill
- ○ Koriandergrün
- ○ Kresse
- ○ Majoran
- ○ Minze
- ○ Oregano
- ○ Petersilie
- ○ Rosmarin
- ○ Salbei
- ○ Schnittlauch
- ○ Thymian
- ○ Zitronengras/-melisse

Zitrusfrüchte

- ○ Grapefruits
- ○ Limetten
- ○ Mandarinen
- ○ Orangen (Bio-)
- ○ Zitronen (Bio-)

Beeren

- ○ Blau-/Heidelbeeren
- ○ Brombeeren
- ○ Erdbeeren
- ○ Himbeeren
- ○ Johannisbeeren

Kernobst

- ○ Äpfel
- ○ Birnen
- ○ Feigen
- ○ blaue Weintrauben
- ○ grüne Weintrauben

Steinobst

- ○ Aprikosen
- ○ Nektarinen
- ○ Pfirsiche
- ○ blaue Pflaumen

Exoten

- ○ Baby-Ananas
- ○ Bananen
- ○ Cantaloupmelone
- ○ Galia-/Honigmelone
- ○ Kakis
- ○ Kiwis
- ○ Kumquats
- ○ Mango
- ○ Papaya

SUPERMARKT

Konserven

- ○ Artischockenherzen
- ○ Cornichons
- ○ Gemüse-/Hühnerfond
- ○ Kapern
- ○ Kichererbsen
- ○ Kokosmilch, ungesüßt
- ○ Linsen, braune
- ○ Meerrettich, gerieben
- ○ Oliven, schwarze
- ○ Tomatenmark
- ○ Tomaten, stückige
- ○ weiße Bohnen

TK-Produkte

- ○ Erbsen
- ○ gemischte Beeren
- ○ grüne Bohnen
- ○ Himbeeren
- ○ Sauerkirschen
- ○ Spinat
- ○ Tropenfrüchte

Getränke

- ○ Johannisbeersaft, schwarz
- ○ Mineralwasser
- ○ Möhrensaft
- ○ Orangensaft

- Sauerkirschsaft
- Tomatensaft
- Weißwein

Milch- und Milchprodukte

- Buttermilch
- Dickmilch
- Frischkäse
- Hüttenkäse
- Kefir
- Milch (1,5 %)
- Naturjoghurt
- Quark (20 %)
- Ricotta
- saure Sahne
- Schmand
- süße Sahne
- Trinkmolke

Eier und Käse

- Bergkäse
- Camembert
- Eier
- Emmentaler
- Feta
- Harzer Käse
- Manouri
- Mozzarella
- Parmesan
- Pecorino
- Ziegen-Frischkäse

Getreide und Hülsenfrüchte

- Bulgur
- Couscous
- Glasnudeln
- Haferflocken, kernige
- Naturreis, parboiled
- Pasta aus Hartweizen-/Vollkorn
- Sojanudeln

Kerne und Nüsse

- Cashewkerne
- Erdnusskerne, ungesalzen
- Haselnüsse
- Kokosraspel
- Kürbiskerne
- Leinsamen
- Macadamianüsse
- Mandelkerne
- Mandeln, gehobelt/gehackt
- Pinienkerne
- Pistazienkerne
- Sesam
- Sonnenblumenkerne
- Walnüsse

Gewürze

- Ajvar
- Cayennepfeffer
- Chiliflocken
- Chilisauce
- Currypulver
- Currypaste
- Gewürznelken
- Kräuter der Provence
- Kreuzkümmel
- Kümmel
- Lorbeer
- Muskatnuss
- Paprikapulver, edelsüß/rosenscharf
- Pesto
- Pfeffer, schwarz
- Piment
- Sambal oelek
- Senf, scharf/körnig
- Stein-/Meersalz
- Tabasco
- Thymian
- Vanilleschote
- Zimt, gemahlen
- Zimtstange

Essige und Öle

- Aceto balsamico
- Aceto bianco
- Erdnussöl
- Leinöl

- Obstessig
- Olivenöl
- Rapsöl
- Reisessig
- Rotweinessig
- Sesamöl, dunkel
- Weißweinessig
- Weizenkeimöl

Süßmittel und Sonstiges

- Agavendicksaft
- Ahornsirup
- Akazienhonig
- Aprikosen, getrocknet
- Backpflaumen
- Bitterschokolade, mind. 70 % Kakao
- Gelatineblätter
- Instant-Espressopulver
- Kakaopulver
- Softaprikosen, getrocknet
- Vollrohrzucker

Brot, Brötchen und Gebäck

- Buchweizen-Vollkornbrot
- Mehrkornbrot
- Pumpernickel
- Roggen-Sauerteigbrot/-brötchen
- Roggen-Vollkornbrot/-brötchen
- Vollkornbaguette
- Vollkornkekse
- Walnuss-Vollkornbrot

Fisch und Meeresfrüchte

- Dorade
- Flusskrebsfleisch
- Garnelen, roh/gekocht
- Lachsfilet
- Matjesfilet
- Nordseekrabben
- Pangasiusfilet
- Räucherforelle
- Räucherlachs
- Räuchermakrele
- Rotbarschfilet
- rote Meerbarbenfilet
- Seelachsfilet
- Thunfischfilet

Fleisch, Geflügel und Aufschnitt

- Bündnerfleisch
- Geflügelsülz-Aufschnitt
- Hähnchenbrustfilet
- Hirschsteak
- Kalbsschnitzel
- Kaninchenfilet
- Lachsschinken
- Lammfilet
- Lammlende
- Putenbrustfilet
- Putenbrustaufschnitt
- Putenschnitzel
- Schinken, gekocht
- Tatar

NATURKOSTLADEN

- Agar-Agar
- Apfeldicksaft
- Apfelpektin
- Birnendicksaft
- Dunst-Preiselbeeren
- Eiweißpulver
- Erdnussmus
- Früchtemüsli, ungezuckert
- Hefeflocken
- Instant-Gemüsebrühe (ohne Glutamat)
- Johannisbrotkernmehl
- Mandelmus
- Macadamia-Nuss-Creme
- Räuchertofu
- Seidentofu
- fester Tofu
- Sojadrink, ungesüßt
- Sojasauce/Shoyu
- Sojacreme
- Naturvanille-Pulver

Rezeptregister

Metabolic-Power-Drinks

Apfel-Sanddorn-Mix 58f.
Aprikosenmilch 105
Avocado-Orangen-Drink 54f.
Basilikumshake mit Erdbeeren 58
Birnen-Erdnuss-Shake 106
Blaubeer-Kokos-Shake 59
Brombeer-Bananen-Flip 106f.
Eiweißdrink 41
Erdbeer-Schoko-Traum 109
Feigen-Buttermilch 107
Grapefruit-Ingwer-Flip 56
Himbeer-Minze-Smoothie 57
Kaki-Grapefruit-Drink 109
Mango-Lassi 104
Melonen-Shake 108
Orangen-Molke-Drink 105
Papaya-Energy-Drink 108
Pfirsch-Joghurt-Drink 55
Pflaumen-Acerola-Cocktail 56f.
Sauerkirsch-Macadamia-Milch 57
Schoko-Capuccino 55

Metabolic-Power-Suppen

Asia-Gemüsebrühe 39f.
Forever-Young-Gemüsesuppe 38
Gemüsebrühe 39
Mediterrane Gemüsebrühe 40

Metabolic-Power-Salate

Chinakohlsalat mit Ingwer-Dressing 48
Forever-Young-Salat 43
Gazpacho-Salat mit gerösteten Mandeln 44f.
Grüner Salat mit Zitronen-Vinaigrette 46
Italienischer Gemüsesalat 48f.
Kohlrabi-Rohkost mit Erdnüssen 46f.
Pilzsalat mit Tomatendressing 47
Rettich-Möhren-Carpaccio mit Chilis 44
Römersalat mit Radieschen und Sprossen 45
Spitzkohlsalat mit Paprika-Vinaigrette 49
Tomaten-Artischocken-Salat 42

Fit-in-den-Tag-Ideen

Beeren-Ricotta mit Pistazien 62f.
Birnen-Schoko-Brot 112f.
Brötchen mit Lachsschinken 114
Camembert-Creme auf Roggenbrot 113
Erdbeer-Müsli mit Joghurt 110
Forever-Young-Salat mit Tofu-Creme 61
Frühlingszwiebel-Frischkäse 60
Gefügelsülz-Brot mit Radieschen 115
Gurken-Lachs-Teller 65
Himbeer-Aufstrich 111
Käseomelett 114
Krabbensalat auf Pumpernickel 115
Kresse-Quark mit Radieschen 65
Marinierter Mango-Mozzarella 112
Nussige Erdbeer-Dickmilch 61
Pfirsich-Quark mit Sonnenblumenkernen 64f.
Schnittlauch-Rührei mit Champignons 64
Tofu-Erdnuss-Creme mit Avocado 63
Vanille-Joghurt mit Apfel 62
Zitrus-Müsli mit Kokos 111

Leichte Mahlzeiten

Asia-Salat mit Hähnchen 71
Auberginenschnitzel mit Ajvar-Dip 70
Austernpilze mit nussigen Mozarellakugeln 69
Brokkoli-Curry-Suppe mit Garnelen 73
Brokkoli-Reis-Salat mit Pute 122f.
Bündnerfleisch-Salat 121
Chicorée-Hähnchen-Salat 116f.
Chiliburger mit Paprika-Dip 75
Gefüllte Tomate mit Ricotta 71
Gemüse-Antipasti 118
Glasnudelsalat mit Krebsfleisch 125
Gurkenkaltschale mit Garnelen 123
Gurken-Schafskäse-Carpaccio 69
Harzer Käse mit Radieschen-Vinaigrette 117
Kalbsröllchen auf Tomaten-Rucola-Salat 77
Kartoffelsalat mit Makrele 124
Kichererbsenbällchen mit Salat 118f.

Linsensalat mit Mozzarella 117
Marinierter Ziegenkäse 72
Matjestatar mit Zucchini 76
Möhren-Couscous-Salat mit Feta 120
Paprika-Bruschetta 122
Pikante Mandelsuppe 67
Räucherlachs mit Ricotta und Spinat 74
Schinkensülze mit Petersilien-Quark-Sauce 119
Sellerie-Möhren-Rohkost mit Dickmilch 68
Spargel-Eiersalat mit Putenaufschnitt 66f.
Thunfisch-Spieße auf Salat 72f.
Tomaten-Kaltschale mit Forelle 74f.

Hauptmahlzeiten

Fisch-Spinat-Curry 132
Gedämpfter Rotbarsch mit Gemüse 135
Gegrilltes Hähnchenfilet mit Avocadosalat 88
Gemüsesuppe mit weißen Bohnen 128
Grüne Bohnen-Pfanne mit Räuchertofu 127
Hirschsteak mit Walnuss-Joghurtsauce 90
Kaninchen mit Zwiebeln 132f.
Kräuter-Fisch aus der Folie 87
Lachs auf Paprika-Pilz-Gemüse 86
Lammfilet mit Gurken-Minze-Gemüse 91
Mangold-Dorade in Folie 133
Mini-Blumenkohl mit Blitz-Bolognese 83
Pangasiusfilet mit gerösteten Erdnüssen 85
Pfannen-Gemüse mit Mozzarella 80
Pilz-Fussili 131
Pute mit Petersilien-Kohlrabi 89
Putenspieße mit Sesam-Sojanudeln 131
Ratatouille mit Lammlende 134f.
Rosmarin-Hähnchen auf Fenchel 129
Rotbarbenfilets auf Gemüse-Bulgur 130
Seelachs mit Sellerie-Kruste 89
Spargel-Tofu-Wok 81
Spinat-Omelett mit Frischkäse 82
Thai-Curry mit Bohnen und Hähnchen 84
Tofu-Mangold-Päckchen mit Chili-Dip 79
Tomaten-Tagliatelle mit Pecorino 126f.
Wachsweiche Eier mit Lauch-Püree 83
Zucchini-Tomaten-Gratin mit Feta 78

Kleine Naschereien

Ananas-Carpaccio 138
Avocado-Kokoscreme 98
Beeren-»Capuccino« 93
Beeren-Schichtspeise 139
Birnen-Quark-Dessert 97
Blaubeer-Sorbet 99
Erdbeer-Kiwi-Salat 136
Exotisches Blitz-Buttermilch-Eis 138
Fruchtsalat mit Mandelcreme 93
Gelbe Grütze mit Zimt-Joghurt 140f.
Gemischtes Beerenpüree 94
Himbeer-Bruschetta 142f.
Honig-Zabaione mit Feigen 95
Kefir-Mandarinen-Dessert 95
Kefirsülze mit Blaubeeren 139
Kirsch-Gratin 98
Kokos-Bulgur mit Himbeeren 143
Kokosquark mit Trauben 140
Mango-Kaltschale 143
Melonen-Joghurt-Dessert 137
Orangen Carpaccio 96
Orangen-Banane 142
Papaya in Weingelee 137
Pfirsich-Kaltschale 99
Preiselbeer-Pumpernickel-Dessert 141
Quark-Mousse mit Erdbeersalat 94
Ricottakugeln auf zweierlei Fruchtpüree 96f.
Rote Blitz-Grütze 92

Kleiner, kluger Vorrat

Antipasti-Gemüse 148
Basilikum-Pesto 149
Gemüsesauce 146
Getrocknete Tomaten 151
Grapefruit-Himbeer-Püree 145
Kerniger Mix 150
Mixed Pickles 150f.
Paprika-Aufstrich 153
Roter Fruchtaufstrich 152
Tomatensauce 144
Vinaigrette (Grundrezept) 147
Zucchini-Minze-Aufstrich 153